THE CONVERSION CODE
CAPTURE INTERNET LEADS, CREATE QUALITY APPOINTMENTS, CLOSE MORE SALES

成約のコード

デジタルツールと
営業現場を連動する
最強ノウハウ

クリス・スミス
著
神田昌典
監訳
齋藤慎子
訳

実業之日本社

監訳者まえがき

デジタル時代で活躍したい、すべての人の秘蔵書

神田昌典

怖い話をしよう。

記録的な猛暑が続いた、２０１８年8月のことである。私はクライアント先の住宅販売会社の、営業部長に尋ねた。

「今年の夏の結果は、どうでしたか?」

部長は、黙っている。沈黙の理由は、目標未達のためではなかった。

「おかげさまで……」自信に満ちた声が会議室に響いた。「今年は、昨年の2倍の見込客。しかも成約率も3割を超えました」。

いったい、この会社の営業が、絶好調となった理由は、何だったのか?

そして……私はなぜ、その結果を、怖いと感じたのか?

「2倍の見込客と3割超えの成約率」をもたらした理由――それは、まさに本書のテーマである「成約（コンバージョン）のコード」を見出したからだった。この会社は、数年前よりデジタルマーケティングを導入。効果が現れるまで2年間はかかったものの、集客にとっては最悪の猛暑の中、疑いようもないほど素晴らしい結果を出したのである。

私が「怖い」と感じた理由は――その絶好調の住宅会社の現場は、隣のライバル会社と同じように、来場者が少なく、閑散としていたからだ。

以前だったら、ごった返すほどの人々を見学会に集めるのが、業績好調の証《あかし》だった。しかしデジタル時代は、異なる。現場に人はいなくても、スマホの裏で、静かに成約していく。ライバル会社は、知らぬが仏。自社の売上が悪いのは、「猛暑のせい」と、致命的な勘違いをしたまま、取り返しのつかなくなるまで動けない。

このように今、デジタルマーケティングを導入できた会社と、それに遅れてしまった会社とでは、表面的には見えないけれど——あまりにも大きな差がついてしまっている。だから、怖い話なのだ。

「なるほど、この本は、デジタルマーケティングのノウハウ本か?」

そうあなたが思われたなら、それもまた、致命的な勘違いとなる。

確かに本書では、デジタルツール活用による、速攻的な集客手法を大量に紹介していくが、著者クリス・スミス氏は、決してデジタルマーケティングを信頼していない。

- マーケティングオートメーションは過大評価し過ぎ、頼り過ぎ（27ページ）
- 「カート」「eコマース」といった考え方がそもそも胡散臭い（27ページ）
- メールマガジン登録をしてもらうように仕向けることと……クレジットカード番号を教えてもらうことはまったく別次元の話（28ページ）

このように著者は、デジタル偏重主義に手厳しい。成約につながるのは、あくまでも「顧客とのやりとり」、すなわち営業と顧客とのコミュニケーションだと考え、その大切な人間同士のやりとりをテクノロジーの活用により避けようとするのは、「労多くして益なし」と断言している。

スミス氏は、どれだけ成約したかという数値だけが問われる営業現場で、どのような顧客とのやりとりが、結果につながるのかを見極めてきた。その膨大な実体験をベースに、成約率を確実に高める暗号（コード）を見出すプロセスを公開したのが、本書だ。

私は20年来、マーケティングとセールスに関する書籍については、ありとあらゆる本を読んできているが、この『成約のコード』ほど、デジタル時代とアナログ時代の営業をつなぐ具体的な方法が記されている書はない。今、あなたが手にしているのは、マーケティングオートメーションとインサイドセールスとを連動する、最強のノウハウなのだ。

デジタルツールと、人間的な営業の連動

今、さらりと「マーケティングオートメーションとインサイドセールスとを連動する」と書

いたが――実は、それこそデジタル時代に、予測できる成長へと事業を導く、重要な鍵だ。そこで、本書を読み進める前の予備知識として、マーケティングオートメーションとインサイドセールスの、２つの役割について簡単に説明しておこう。

マーケティングオートメーション（ＭＡ）とは、獲得した見込客（リード）を精査し、育成し、質の高い顧客リストを送るという一連の作業を自動化するシステムである。見込客のなかには、「すぐ買いたい」と思い問い合わせをしてきた「いますぐ客」もいれば、単なる冷やかしで広告へ反応した「そのうち客」もいる。こうしたさまざまなニーズをもつ見込客を、商品関連情報を繰り返しメールで送ったり、また広告で再アプローチしたりするなどして、購買動機を高めながら、スムーズに顧客を獲得することを目指す。

マーケティングオートメーション（ＭＡ）は、２０１２年頃から米国で普及を加速しはじめたが、その後の2年で、「マーケティングは、50年もの変化を遂げた」と、76％のマーケターが答えるようになった。それほどＭＡの出現は、革命的なものだった。

このデジタルツールを効果的に活用するならば、広告を打つだけで、質の高い見込客が自動的に集まる。ならば、わざわざ顧客に電話するなどの、営業活動は徐々に減っていくから、ＡＩが普及する時代には、「電話販売員」という職業はなくなっていくだろうと考えられていた。

しかしＭＡが普及してみると、現実に起こったことは、真逆だった。実際には、見込客が育

デジタル時代の営業ファネル（漏斗）

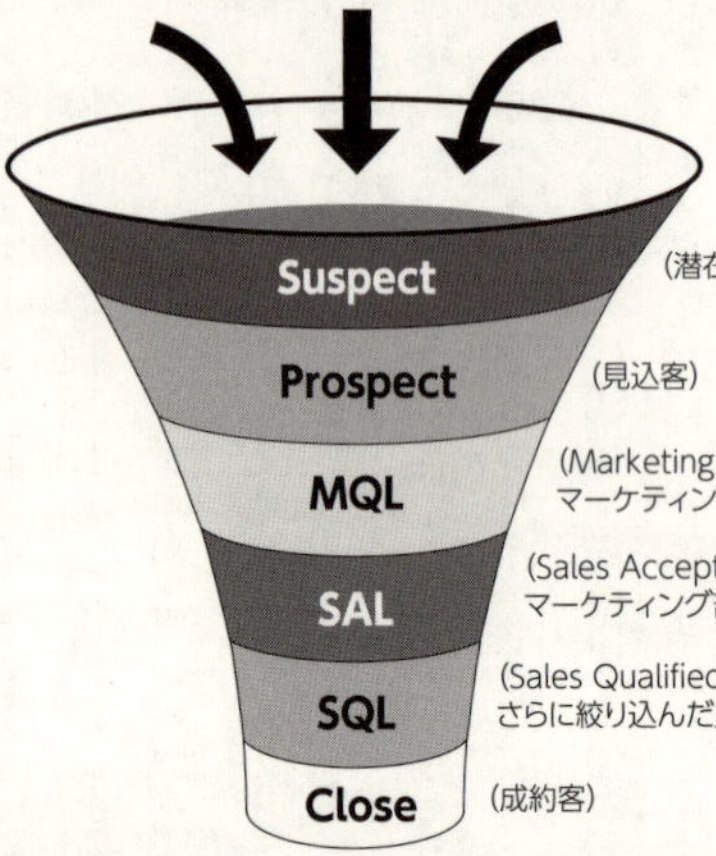

アナログ時代の顧客の分類は、「見込客」「成約客」「リピート客」といった３区分でも、十分に計画的な営業ができた。デジタル時代のマーケティングでは、顧客はさらに細かく分類され、それぞれに必要な情報を提供することにより、購買動機を高めていくための育成を自動的に行うように設計されている。

つのを待っているだけでは成約率はあがらず、またリーチできる顧客数が限られる。そこで見込客に電話をしてアポを取得する電話セールス業務を強化しなければならないことが明らかになった。

これがインサイドセールスだ。

こうしてＭＡとインサイドセールスが連携することにより、予測できる成長をデザインする企業が一気に増えはじめた。

このマーケティングにおけるデジタル革命は、ここ数年の米国において、雇用創出の一大要因になったといってもいい。クラウドサービスをはじめとしたベンチャー企業は、Ｍ

Aを活用することで自社事業を伸ばすことより、MAを活用するために好都合な自社ビジネスモデルを構築することに力を注いできたといってもいいほどだ。

なぜなら、MA＋インサイドセールスの組み合わせで、一定の成約率が確保されるようになれば、予測できる増収が可能になる。その結果、投資家から資金が急速に集まりはじめ、ほんの数年間で、年商100億円規模へ成長する計画が立てられるようになるからである。

一方、成熟事業では、業界構造を刷新してしまうほどのイノベーションを起こした事例もある。たとえば、老舗《しにせ》ブラインド会社の3 DAY BLINDS社は、全米にショールームを展開していたが、いまでは、そのほとんどを閉じた。なぜなら、マーケティングオートメーションと営業スタッフの活用により、店舗をもたなくても、見込客とのアポを取得し、自宅まで赴いて提案・販売をしたほうが、圧倒的に効率的であることが明らかになったからである。

デジタルによる緻密な設計よりも、100倍効果をあげた営業策は？

このような実績をみると、多くのマーケターはMAを使いこなすことが、デジタル時代に勝ち残るための鍵だろうと考えるが……著者は、痛快なほどに、それを覆す。

先ほど話したように、MAが質の高いリストを得られる理由は、顧客に購入動機をもってもらうための、一連の情報を提供していく「育成(ナーチャリング)」プロセスなのだが、スミス氏によれば、実際に成約率をあげる決め手となるのは、「時間」——見込客が、自社のウェブサイトで関連資料を請求した5分以内で電話できるかどうかで100倍も、成約率が異なるという。

言われてみれば、当たり前。営業の現場を経験したことがあれば誰でも、それは理解できるだろう。

今、見込客に向けて発信される情報はあまりにも多く、育成しようとしている間に、彼らはすでに資料請求したこと自体も忘れてしまう。それが現実だ。

MAを実装すれば、自動的にマーケティングしてくれて、そのうちにスムーズに成約する可能性が高まるという発想の前提には、見込客はいったんメールアドレスを登録したら、「ずっと自社のことに関心を持ってくれるはず」「メールマガジンを開封してくれるはず」「他社からの売り込みはないはず」という、淡い期待に基づいている。

しかしMAを活用した実践が進むにつれ、MAは、自動的に顧客を獲得する魔法の杖ではなく、顧客との密なやりとりを支えるためのプラットフォームであるという考え方にシフトしてきている。

著者は、ＭＡを活用した営業を、インサイドセールスの立場で先駆けて実践して、成約率を確実にあげるためには、顧客とどんなやりとりを行うべきか、検証してきた。本書では、その実践プロセスで、スミス氏自身が結果をあげた、ありとあらゆるデジタルツールが紹介され、具体的なセールストークが共有されている。

本書には、営業を体験したものしかわからない、微妙なニュアンスをも再現した、値千金《あたいせんきん》のノウハウが詰まっている。ここに書かれていることを自社なりに応用・実践すれば、いままでデジタル変革に2年はかかった、その試行錯誤の期間が、半分には減るはずだ。

日本で使う前に、お約束いただきたいこと

ただし、本書で公開されているノウハウは、あまりにもセールスの本質をついた効果的な方法なので、著者自身が心配するように、使い方を間違えると劇薬になりかねない。そこで、米国に比較して、積極的な売り込みに抵抗力のない日本においては、顧客からの信頼を失いかねないので、慎重に活用することをお勧めする。

とくに注意を喚起しなければならないのは、２３９ページから解説されている、見込客に関する情報を事前調査して、相手からの信頼を買おうとするやりとりである。著者はその方法を、

見込客への初回の電話で、会話の糸口をつかむために、効果的だとしているが、日本では、見知らぬ人から自分についての情報をあれこれ伝えられるのは、気味が悪い。顧客が自らの意思で、企業に公開した情報以上のものだけに、会話のきっかけは限るべきだ。

また著者は、完全コミッション性の営業スタッフのコーチとして働いてきたという側面がある。だから部下の成約率を少しでも高め、より多くの報酬を稼がせるのが責任者としての務めである。しかしながら、そのために、日本人的な感覚からいえば、「さすがに追い込みしすぎ」と思われるレベルのクロージング・スクリプトまで、詳細に書かれている（305ページ）。

こうした文化的に異なる結果をもたらしかねないノウハウについては、邦訳ではカットすべきではないかという意見もあった。しかしながら、それは危ないからといって、子供の手の届くところから、ナイフを隠してしまうようなもの。むしろ効果的なツールを使う際の、リスクについてしっかりと認識するほうが大切であると考え、私は原文を削ることなく、邦訳に生かすことにした。

では本書『成約のコード』を使う際に、最も注意すべきリスクとはなにかといえば――成約率だけを目的として、数値目標だけに邁進するというリスクである。本書のノウハウは極めて具体的なため、数値を追いかけるゲームに、会社が一丸になって取り組み、売上目標を達成することは、十分に可能だろう。しかし成約率を高める、極めて重要な源泉である、企業の信用を失ってしまえば、元も子もない。
そこで、本書のノウハウを実践する前に、必ず答えるべき、重要な質問を掲げておこう。

【本書のノウハウを実践する前に、答えておくべき質問】

あなたが守るべき、会社のブランド、もしくは信用とは何か？

スミス氏は、あなたの会社の信用がなければ、どんなに顧客にアプローチしたとしても、集客は進まないことを、第1章のはじめから、強調している。だから、この質問への答えを書き込むことにより、あなた自身の信用を守る決意をすることで、あなたは自社のコンバージョンコードを見出す旅への、第一歩を踏み出したことになる。おめでとう。

繰り返すが、本書はノウハウの塊だ。

付箋、そしてペンをもって、いまから部屋に閉じこもることをお勧めする。

本書をきっかけに、デジタル時代で、あなた自身の成約のコードを発見し、輝かしい事業を築くことを、心より応援している。

監訳者・神田昌典

Contents

Contents

Contents

〔注〕本文中の［1］［2］などの数字は、巻末の「原注」の番号です。

はじめに
コンバージョンコードはこうして生まれた

「コンバージョンコード」（成約のコード）は、インターネットで見込客を獲得し、高い成約率を実現する新たな手法だ。僕が開発したこの「コード」をそのまま活用すれば、ウェブサイトのトラフィックも見込客もたちまち増やせるだけでなく、肝心かなめの成約数がアップするはずだ。

僕はここ10年、インサイドセールス（内勤営業）として、1万人を超えるネット見込客に電話をかけてきた。億万長者のもとで働いたことも2度ある。ひとりはダン・ギルバート、もうひとりはルー・パールマンだ。ギルバートはNBAのクリーブランド・キャバリアーズと、その本拠地クイックン・ローンズ・アリーナのオーナー、と言えばピンとくるだろう。一方、パールマンの名は、ブリトニー・スピアーズ、イン・シンク、バックストリート・ボーイズがらみの残念なイメージで広く知られることになってしまった。僕自身、3点シュートはお手の物だし、シャワーを浴びながら歌もよく歌うけど、それで雇われたわけじゃない。インサイドセールスのプロとして、それぞれ数千億ドル規模の企業に雇われていたのだ。

ギルバートのクイックン・ローンズ社では住宅ローンの販売をしていた（金利が7％を超え、住宅市場が暴落していた頃の話だ）。パールマンのファッション・ロック社はタレントエージェントで、フロリダ州オーランドでおこなう「イベント・バケーション」を販売していた。簡単に言うと、タレントエージェントを集めて、次なる金の卵を探してもらうイベントだ。アイドルオーディション番組「アメリカン・アイドル」の、さらに前の段階、といったところ。

どちらの会社でも、用意されたデスクから電話をかけて営業していた（なつかしのテレビ番組「ダイアリング・フォー・ダラーズ」のブローカー版）。電話の相手は、ネットで詳細を問い合わせてきた人たち（昔ならラジオやテレビのコマーシャルを見て問い合わせてきただろう）。

僕に与えられていたのは、相手の氏名、電話番号、それに電話1台のみだった。僕の任務は、その人たちに電話をかけ、その日のうちに成約してもらうこと。もちろん、クレジットカード番号を聞き出すところまで含まれる。住宅ローンの場合は、契約書にサインしてもらい、社会保障番号を教えてもらうところまでを、電話をかけてから5分以内におこなわなくちゃいけない。

毎日毎日、電話で相手を説得し、成約に結びつけるためには、なにを、どのタイミングで、どんなふうに言えばいいか。それを具体的に説明しているのが本書だ。それどころか、本書第3部で紹介している電話セールスのセリフは効果抜群で、簡単にマネできるから、違法すれすれかもしれない（ネタバレだけど、僕がパールマンの会社で教わったことには、実際、違法行為もあった）。

こんなことをしたら、ずるいほどこちらが優位になってしまう、と感じるかもしれない。そのとおり。僕自身、この「コード」を人に教えるときは、自分によく言い聞かせている。話があまりにもとんとん拍子にまとまるから、だれにだってなんだって売り込めるような気になるけど、スパイダーマン的思考も必要。「大いなる力には大いなる責任が伴う」ってやつだ。

ギルバートやパールマンの会社でインサイドセールス（法的・倫理的に問題ない部分）を学んだ僕は、今度はアウトサイドセールス（対面営業）の仕事に就いた。講演をおこない、その場でセールスする経験もしたムーブ社は上場企業だ。いまはニューズ・コーポレーション（フォックスニュースやウォール・ストリート・ジャーナル紙などを抱える、ルパート・マードック会長のメディア帝国）傘下となり、時価総額は10億ドル。

ここでの最初の仕事は、フロリダ州内を車でまわり、毎日2社訪問して、顧客管理システム（CRM）やウェブサイトなどのオンラインマーケティング・ソリューションを不動産業者に売り込むこと。契約書にサインしてもらえなければ、その案件はインサイドセールスに引き継ぐことになるから、報酬がもらえなくなる。全米規模のさまざまなトレードショーやカンファレンスでおこなった講演でも、その日のうちに成約してもらえないとやはり報酬がもらえない。僕は、自分で編み出したこの「コード」を駆使し、ベテラン営業マンより多くの成約を勝ちとったことで、入社1年めにして社内の「プレジデント・クラブ賞」を受賞した。アウトサイドセールスの経験もソフトウエア販売の経験も、それまでなかったにもかかわらず。

このムーブ社の仕事をしていたときに、(スティーブ・パシネリという素晴らしいやつと)共同設立したテック・サビー・エージェントの名義で、ビジネス用ビデオブログとフェイスブックを始めた。これがたちまち月間ページビュー10万を超えるようになり、「いいね!」や見込客を何万と生み出すようになった。それまでは基本的に営業の経験しかなかった僕が、テック・サビー・エージェントを立ち上げたことで、今度はマーケターにもなったのだ。おまけに見込客の質がよくて、どんどん成約につながっていった。

そのうちに、インサイド、アウトサイドともに営業コーチ兼講師を依頼されるようになった。ドットループ社という、電子取引や電子署名を管理している企業だ。僕の正式な肩書は「書類撲滅最高責任者」、まじで。この企業で「コンバージョンコード」をコーチングすると、みんながぱっとひらめく様子がわかる。コーチングの各セッションが終わるたびに、嬉々《きき》としてまた電話に向かっていくのだ。「ちょっとひと押しするだけで成約できました」と報告しに来てくれ、去り際には、この「コード」は「いままでで最高の営業コーチング」であり、「流れが一転」した、と言ってもらえた。この企業は3年後に1億８００万ドルでZillow（訳注・オンライン不動産データベース運営企業）グループに買収された。ムーブ社のように10億ドル規模とはいかなかったけど、時価総額9桁だってそう悪くはない。

現在の僕は、キュレーター（Curaytor）社のオーナー兼共同経営者だ。中小企業オーナーを対象に、独自のシンプルなソフトウエアと効果実証済みの戦略で、リードジェネレーション（見込客の獲得）とコンバージョンの支援を提供している。多忙でなにもかも自分でするわけにはいかない、という中小企業オーナーに代わり、アイデアとイノベーションを組み合わせて実行している。毎月何万というネット見込客を創出し、その多くを成約に結びつけている。簡単に言うと、この本に書いてあることを中小企業オーナーのために代行しているわけだ（ただし、見込客に電話をかける部分だけは別。ここは本書第３部にあるスクリプトをクライアントに渡している）。

キュレーター社のお客様の声を紹介しよう。

「キュレーター社に依頼するまでは、年収20万ドルほど。それが次からは60〜75万ドルになりそうです」

「２０１５年上半期だけで、２０１４年の年間売上をクリアしました！」

「取引が倍増しました」

「1年で取引が2倍を超えました」

「2015年はこれまでで最高の年になりそうです」

「14年間経営をしてきたけど、これは間違いなく最善の投資です」

「キュレーター社と組んでから取引が52%アップし、来年度もさらに50%成長を見込んでいます！」


もちろん、キュレーター社でも「コンバージョンコード」を活用し、起業から3年もたたないうちに500万ドルを超える年間経常収益を上げてきた（いまもすごいスピード成長を続けている）。初めて立ち上げたこのビジネスを確実に軌道に乗せるため、僕自身も電話セールスをおこない、初年度経常収益のうち200万ドルを自分で売り上げた。本書とまったく同じ手法とスクリプトを用いたのだ。

自社でインサイドセールスをおこなう場合は、代行と違って、すばらしい商材と有望な見込客が必要になる。そこで、本書の第1部と第2部では、ネット見込客を（クリック単価、見込客獲得単価、顧客獲得単価、すべてローコストで）獲得する具体的な方法、テクノロジー、人材、マーケティングオートメーションを活用し、見込客とアポをとって営業に渡すリストを絶えず供給する方法を説明する。

ついでに言っておくと、マーケティングオートメーションは過大評価されすぎ、頼りにされすぎ、と僕は真剣に思っている。テクノロジーやソフトウエア頼みで、どういう商材か、相手の役に立つか、といったことを電話できちんと伝える本来の仕事がないがしろにされている。ネット見込客に成約してもらって売上をもっとアップしたいなら、ちゃんと電話で説明しなくちゃだめだ。使用するユーザーネームやパスワードばかりがやたら多くて、顧客の数が少ないなんて、本末転倒もいいところ。

「カート」「eコマース」といった考え方がそもそも胡散臭《うさんくさ》い。そりゃあ、営業と話をしなくたって、アマゾンやザッポスでモノは買える。だからといって、ネットで見込客さえ獲得できれば、こちらから電話なんてしなくてもモノ（しかも決して安くはないモノ）を買ってもらえるなんて、本気で考えているなら、大間違いだ！　要するに、ほとんどの企業は見込客に電話をかけて成約にこぎつけなければならない、ってこと。なのに、地道に電話で売り込みもしないで、テクノロジーでスマートに、なんてことばっかりしているから、労多くして功少なしなのだ。やりとりして初めて成約に結びつく、このことを肝に銘じておこう。

僕は営業を身につけてからマーケティングを学べたことがすごくラッキーだった。見込客をコンバートする方法を身につけてから、獲得する方法を学んだのだ。だから、マーケターになったとき、この新たな任務に大きな責任を感じた。僕のマーケティング手法は、デスクでインサイドセールスをしていた経験から来ている。来る日も来る日も、数ドルの売上のために電話をかけるのがどんなに大変か、身をもって知っている。そんな僕が、どうでもいいメトリクスをひけらかすために、質を無視して数ばかり集めるようなマーケティングをおこなうはずがない。僕が営業で使っているスクリプトの効果はわかっているし、僕自身も営業しているから、営業担当者の時間が貴重なのもわかっている。だからどうか安心してほしい。僕のリードジェネレーションの方法は、量と質、両方を目指しているのだ。

マーケターは、購入意欲のある見込客を営業に渡せばそれでいいのだから、楽なもの。自分で獲得した見込客に電話までかけなければならないとしたら、ほとんどのマーケターは嫌気がさしてしまったり、辞めてしまったりするだろう。「いいね!」や「フォロー」やメールマガジン登録をしてもらうように仕向けることと、時間を割いて話を聞いてもらうことは別。ましてや、クレジットカード番号を教えてもらうことはまったく別次元の話なのだ。

ここ最近のデジタル革命のおかげで、見込客といえばネット見込客のこと、と断言してしまっていいと思う。だれもが毎日、一日中、ネットとつながっている。社会は絶えず変化しているから、それに合わせてこちらの戦略も変えていかなければならない。相手と顔をつき合わせている時間よりも、スマートフォンでフェイスブックを見ている時間のほうが長いのだ。自社サイトの登録フォームに記入してもらえるかどうかは別として、購入前にまずネットで調べるのが当たり前になっている。さらに、ソーシャルメディア中毒のおかげで、需要を満たすだけでなく、生み出すことも可能だ。

営業やマーケティングの仕事をしているのに、ネット見込客とは縁がないという人には、ちょっと残念なことを伝えなくちゃいけない。大きな売上のチャンスをみすみす逃しているのだ。でも朗報もある。この本を手にしたことだ。ベテラン営業も、ソーシャルメディアに不慣れなマーケターも、営業やマーケティングの仕事している人ならだれでも、投資に見合った効果をすばやく上げられるようになるからだ。

コンバージョンコードをどう読み解くか

コンバージョンコードとは？

コンバージョンコードは、このネット時代に、マーケターや営業が成果を上げる新たな手法だ。ひとつずつ段階を踏みながら見込客や売上をたちまち増やす、効果実証済みの青写真となるものだ。いまの顧客は知識が豊富で、選択肢もかつてないほど多い。そんな状況で、相手の関心を引いて成約してもらうには、これまでとはまったく異なるアプローチが必要となる。コンバージョンコードに従えば、この新たなパラダイムシフトを乗り越えて、ネットでのリードジェネレーションとインサイドセールスへ舵《かじ》を切ることができる。

営業やマーケティングに関するこれまでのアドバイスは、いまの時代にはそぐわなくなりつつある。この本では、受け身ではなく、明確な目的に基づいて、ネットでリードジェネレーションをおこない、コンバージョンさせることを重視している。需要を満たすだけでなく、創出する方法も学んでもらえるはずだ。

かつては、テレビコマーシャルの早送りなんてできなかったから、終わるまでただ待っていた。現代人の関心はありとあらゆる方向に向いている。つまり、関心が一定時間向かっている先などない、ということだ。シルバーポップ社の最近の調査によると、ネット上で注意を引けるチャンスはたったの8秒。それを過ぎると関心はよそへ移ってしまうのだ[1]。

こうすれば読み解ける

コードと名のつくものはみんなそうだけど、このコンバージョンコードにもいくつかの段階があり、段階ごとに、とても重要な情報が詰まっている。とはいえ、あなたがいま一番必要としていることを、まっさきに知ってもらいたい。普通は、営業担当なら、リードジェネレーションをおこなったりアポをとったりする必要はない。そうしたことをお膳立てしてくれる(クイックン・ローンズ社やキュレーター社のような)企業で仕事をしている人が多いはずだ。マーケターがセールス電話をかけることもまずない(残念だけど事実)。そこで、この本を『きみならどうする?』のような一種のゲームブックと考え、次のことを自問したうえで、必要なところから読み始めてほしい。

いますぐ見込客を増やすには？　営業する相手がとにかく足りないなら、第1部から読んでほしい。

第1部で学んだことを実践すれば、有望なネット見込客をたえまなく獲得できるはずだ。新たな見込客が毎日入ってくるなんてありえない、と思うかもしれない。でも、僕自身の経験から、不可能じゃないことは請け合える。それどころか、やるべきことをちゃんとおこなえば、そんなに難しいことではないのだ。

見込客はいるけど、どうやってアポをとればいい？　第2部から読み始めよう。具体的なツールと戦術でアポをとる方法を説明している。毎日毎日、新たな見込客（そして既存見込客）と話ができるようになる。

電話をかける見込客は十分いるけど、どう言えば成約できる？　第3部から読むことを勧める。購入してもらうために言うべき内容をきっちりカバーしている。

第1部から第3部まで、ビジネスをいますぐ改善する青写真をわかりやすく説明している。営業やマーケティングの原則はすでに変化している。あなたも変化しているだろうか。営業とマーケティングの新たな原則がどういうものかをお伝えしていこう。

初期の頃に僕が接したセールスコーチに、テレマーケティングの天才がいた。インサイドセールスのことは、ほかのだれよりもこの人から教わった。毎朝15分から20分くらい、セールスに関する指導があって、それからみんな一斉に見込客に電話をかけはじめたものだ。コーチが僕たちに話しかけるのはこのときだけだった。

このコーチの口癖をよく覚えている。「みなさんは、ここで働いているあいだに稼げる以上のものを、身につけることになるのです」。実際そのとおりだった（かなり稼がせてももらったけど）。そのコーチが描いた1枚のスケッチがある。あなたがこの本を読み、これから身につけて、来る日も来る日もおこなうことを、ズバリ表している。ごく簡単なスケッチだけど、僕の頭に焼きついている。あなたもぜひ焼きつけてほしい。僕は、マーケティングキャンペーンを練るときも、セールス電話をかけるときも、毎回必ず念頭に置いている。それが図0・1だ。

コーチはよくグラフを用いて、熱意とタイミングが電話での売り込みに重要な理由を説明し、熱意（enthusiasm）の「iasm」とは「自分自身を売り込む」（I Am Sold Myself）ことだと言っていた（図0・2）。

電話で見込客と話をするのは、いたって簡単だ。熱意を込めて商材の話をし、購入してもいいかなという気になってもらう。そこまでいって初めて、話をまとめにかかれる。これと同じことがマーケティングにも当てはまる。相手をワクワクさせ、連絡先情報を記入する「手間」をいとわないような、なにかが必要なだけだ。それができて初めて、見込客を獲得できる。

具体的になにを、いつ、どんなふうに言えばそれが実現できるのか。そのすべてをこの本で説明している。それが僕の「コード」の肝心な部分でもあるのだ。

ファッション・ロック社を辞めてから知ったことだけど、このコーチはその9年前に連邦準備銀行詐欺がらみのテレマーケティングに関わった罪で逮捕されていた。悲しかった。このコーチが自らつくったセールス電話のスクリプトに効果がありすぎたのも、人として守るべき道からときどき外れていたし、平気でウソをつくこともあったからなのだ。

ファッション・ロック社がいわゆる「悪玉」セールスだったとすれば、クイックン・ローンズ社では「善玉」セールスを学ばせてもらった。ここで受けた5週間のセールス研修は、どの大学で4年間学ぶよりも多くのことを教わることができた。

インサイドセールスに関して、なるほど！と思ったもうひとつの体験をお話ししよう（リードジェネレーションとコンバージョンの話はそのあとだ）。新入社員研修中にダン・ギルバートから学んだことだ。「メラビアンの法則」で知られる「7-38-55のルール」など、コミュニケーションの裏にある心理学について教わったのだ。それによると、コミュニケーションの要素は大きく3つに分けられる（図0・3）。

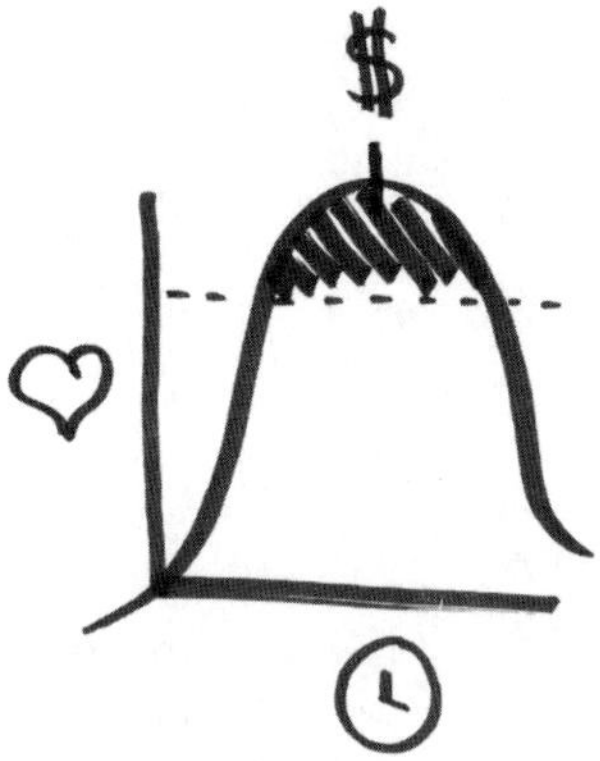

図 0.1　セールスコーチが描いたスケッチ

図 0.2 「熱意」とは熱っぽく自分自身を売り込むこと

コミュニケーションでもっとも重要なのは、実は身ぶり手ぶりなのだ、残念なことだが、とギルバートはよく言っていた。ネット見込客に電話で売り込むときに、身ぶり手ぶりはまったく使えない。

次に重要なのが、話し方だ。ここが僕の腕の見せどころ。僕はことば巧みだけど、南部出身だから話し方がゆっくりしている。電話の相手に信用してもらいやすく、言うべきことはしっかりと伝える。誠実だけど頭が切れる。教養はあるけど「上から目線」じゃない。話し方をどう改善したらいいかを人に教えるのは難しいけど、先にはっきり言っておこう。この本で紹介しているスクリプトは、話し方を工夫することで効果がさらにアップする。話し方と身ぶり手ぶり（要するに話す内容以外のすべて）でコミュニケーションの93％を占めるのだ。「動き（モーション）が感情（エモーション）をつくる」とよく言われるのも、インサイドセールスが見込客と電話で話すときに立ったまま（あるいは同僚とボール投げをしながら）売り込むのも、このためなのだ。

もちろん、血の流れもよくなるし、契約獲得のために一日中電話しまくる日々が少しはましなものにもなる。でもなんといっても、こうしたほうが話し方が改善されるからだ！

僕は、同僚が1週間で売るより多くの旅行パッケージをたった1日で売ったことがある。クイックン・ローンズ社での最初の1週間で、ベテラン担当者がまる1カ月かけて契約するより

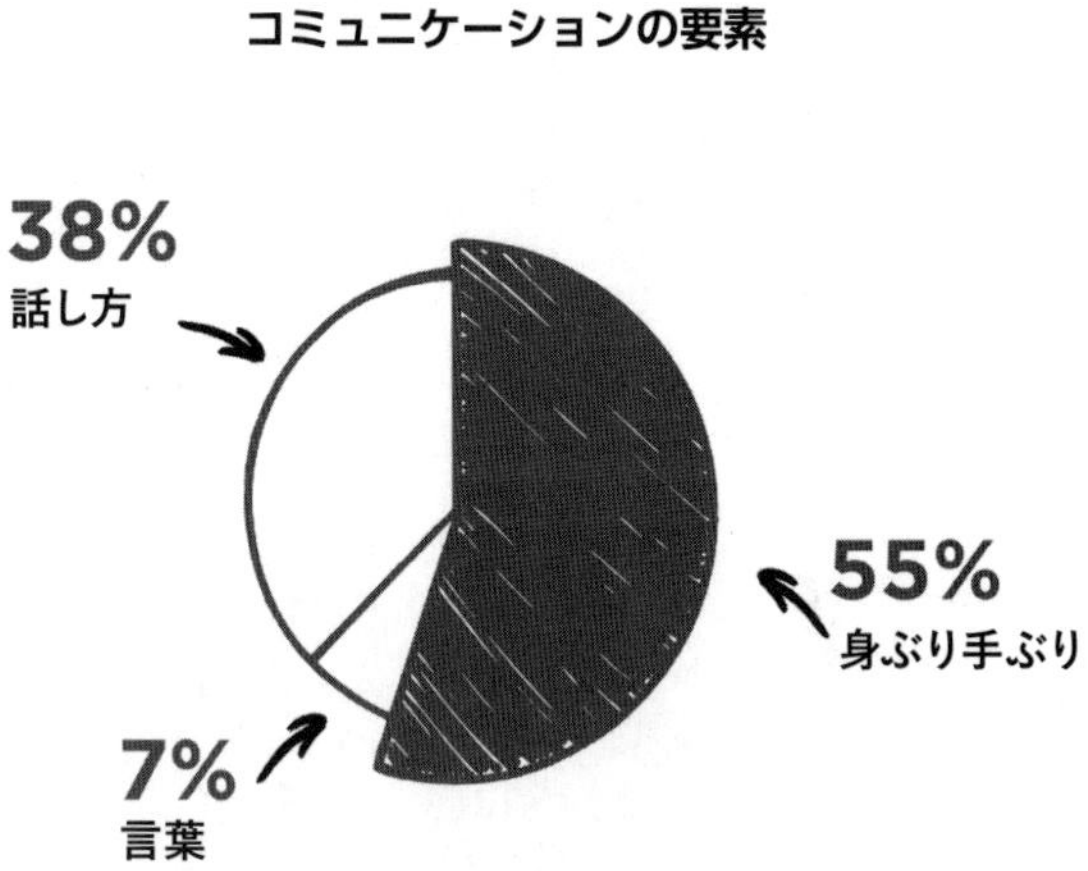

図 0.3　コミュニケーションの要素

多くのローン契約をとりつけたこともある。話や見た目で契約してもらえたわけじゃないことは確かだ。よくわからずに話していたし（「自信があるふりをしていれば、自信はあとからついてくる」ってやつだ）、電話の相手に僕の姿は見えない。それでもたちまち契約がとれたのは、熱意のある話し方、それに、効果実証済みのスクリプトと有望な見込客データを提供してくれた会社のおかげなのだ。

非常に有能な人たちと仕事をしてきたことで、「最高の」インサイドセールスに共通するある特徴に気づいた。みんなとてもポジティブなのだ。実際「黒ラブ思考」、つまり、黒ラブラドール・レトリバーのように、どんな見込客ともうれしそうに話をする（すばらしいたとえを教えてくれた、エステイトリー社ＣＥＯのガレン・ウォードに感謝）。また、仕事熱心で、日々努力している。さらに、常に腕を磨き、どうすればもっと上手に売り込んで成約できるか、研鑽《けんさん》を積んでいる。

あなたがビジネスオーナーなら、いまのネット時代で成功するにはなにが必要だろうか。10年前にも、いまから10年後にも必要なもの。それは、見込客、アポ、売上だ。この本はこの３つすべてを獲得する方法を説明している。

いまや、見込客はすべてネット経由だから、マーケティングオートメーションとインサイドセールスの需要がうなぎのぼりに増えている。インサイドセールスが急増しているのも、ネットが猛烈な勢いで広がっているからだ。従来のマーケティング手法や、膝を突き合わせての営業に長《た》けているからといって、ネットマーケティングとインサイドセールスもうまくできるとは限らない。

マーケティングや営業に関するアドバイスや書籍の多くは、ソーシャルメディアや携帯電話がなかった時代に、ネット見込客に電話ひとつかけたことのない人たちの手によって書かれたものばかりだ。僕だって、ジグ・ジグラーやブライアン・トレイシーといった超有名セールストレーナーのファンではある。だけど、家族を養うために、１万件を超えるネット見込客に電話をかけて成約してもらう必要なんて一度もなかった人たちだ。これが新たなトレンドであり、アプローチもスクリプトもコーチングもこれまでにないものが求められている。週に何百件もネット見込客に電話をかける経験を何年も積んだ人間にしか、この本にあるようなことは書けない。

なにを、どのように、どのタイミングで伝えるかが、肝心なのだ。これまでのイノベーションは、マーケティング分野のほうが営業分野よりも圧倒的に多い。電話でネット見込客になにを伝えるかは複雑で技術を要する。それは、マーケターがHubSpotやInfusionsoftを使って考案、実施するマーケティングオートメーション・キャンペーンも同じだ。ネット見込客に特化して僕が考案した、効果実証済みの新たなスクリプトは本書の第3部で紹介している。

コンバージョンコードの心構え

コンバージョンコードには、営業とマーケティングの技術が詰まっている。ビジネスを好転させるコンセプト、手法、技術的要素を数多く説明している。やることがありすぎて途方に暮れたら、基本的原則に集中してほしい。その基本的原則を「コンバージョンコードの心構え」として、各部の冒頭で紹介している。ぜひ、紙に書くなり、プリントアウトするなりして、仕事場に貼ってほしい。

「マーケターのコンバージョンコード心構え」

- 見込客も生身の人間
- イメージさせることがすべて
- フェイスブックがいまのインターネット
- アナリティクスは過大評価されている
- ひと言ひと言が重要

「アポインターのコンバージョンコード心構え」

- 一秒一秒が重要
- 飛び込み電話撲滅
- 勝つのは人
- 成否を決めるのはフォローアップ
- ひと言ひと言が重要

「営業のコンバージョンコード心構え」

- 偶然で契約はとれない
- やりとりが成約につながる
- 深掘りしないなら寝たほうがまし
- 責任者は自分
- ひと言ひと言が重要

コンバージョンコードで、マーケティングや営業の技をネット中心の新たな時代に合わせて研ぎ直せば、ノルマを常に突破できるはずだ。

第1部

ネット見込客を獲得する

マーケターの心構え

見込客
も
生身の人間

イメージさせることが
すべて

フェイスブック
が **いまの**
インターネット

アナリティクス
は
過大評価
されている

ひと言ひと言が重要

#TheConversionCode

第 1 章

サイト、
ランディングページを
作成する

この本を手にとっているあなたは、ほぼ間違いなく、耳にたこができるほど聞かされていると思う。ネットビジネスを成功させたいなら「コンテンツがモノを言う」と。

しかし、リードジェネレーションとコンバージョンが目的なら、重要なのはコンテンツではなく、デザイン、目的、ランディングページだ。

ウェブサイトやランディングページをつくる（あるいは、いまのものに手を入れて改良する）とき、コンバージョンを第一に考えた設計やユーザーエクスペリエンス（ユーザー体験）が欠かせない。そこがしっかりできていれば、信用につながり、その信用が購入動機につながることは、いまも昔も、オンラインでもオフラインでも変わらない。ジグ・ジグラーもこう言っている。「相手に好感を持ってもらえれば話は聞いてもらえる。でも、信用してもらえたら取引してもらえるのだ」。

この章では、ウェブサイトとランディングページを活用して有望な見込客を獲得する、とっておきの方法を紹介する。人を食事に招くときは、まず家をきれいにする。ネットもそれと同じこと。自社サイトにトラフィックを招き入れたいなら、そこできちんとコンバートできるように準備しておく必要がある。残念ながら、あまり考えずにつくられたようなサイトがあまりにも多い。自分が見ても取引する気にはならない、と認めている人もいるほどなのだ。

どの企業にもサイトのひとつはあるから、そこから話を始めよう。ただし、ひとつ言っておきたい。コンバージョンコードを読み解くうえで重要なことだけど、ネットでのリードジェネレーションとコンバージョンには、サイトよりランディングページのほうがはるかに向いている、と理解しておいてほしい。

どちらも活用できれば理想的だけど、見込客をなるべく早く切実に必要としているなら、ランディングページをきちんとしたほうがいい。

リードジェネレーションにつながるデザインとは

「健康関連サイトの情報は信用できるか」と題した最近の調査[1]によると（教えてくれたSocial Triggers創業者デレク・ハルパーンには小社のポッドキャストに出演してもらったことがある）、きちんとデザインされたサイトが信用と売上につながることがわかっている。エリザベス・シレンス、パム・ブリッグス、レスリー・フィシュウィックによるこの調査の結果から抜粋してみよう。

健康関連サイトに対する信用度にデザインやコンテンツは影響しているのか？　健康に不安を抱えている15名の女性を対象に、情報やアドバイスを求めてネット検索する様子を4週間にわたって調査した。調査に協力してくれたのは、更年期の女性（41〜60歳代、年齢中央値49歳）。全員、更年期のことをもっと詳しく知りたいと考えていて、少なくとも週に1度はネットを利用している。ただし、ネットの情報に対する信用度はまちまちだ。

この女性たちにあるサイトの第一印象について話し合ってもらったところ、見た瞬間に、ここはダメと思ったり信用できないと感じたりする要因がふたつあることがわかった。圧倒的に多かったのは、デザインに関するコメントだ。

「ダメな理由として挙げられた意見の総数に占める、言及された割合」で見ると、ダメな理由の94％がデザインで、コンテンツを理由に挙げたのは6％だけだった。やはり、コンテンツがものを言うわけじゃなさそうだ。

サイトのデザインに関する第一印象やコメントをちょっと見てみよう。

「ごちゃごちゃしていて、知りたい情報がすぐに見つけられない」（66歳、女性）

「白と水色ばかりで冷たくて味気ない。目に優しくしようとしているのはわかるけど」（48歳、女性）

「広告バナーがイヤ。なにかの販売や、ここをクリックすれば無料のなんとか、なんてのを見たら、もう関心がなくなる」（49歳、女性）
「色が好きじゃないページがあった。見る気が失せる。背景が沈んだ緑色で、とにかく読んでいられない」（53歳、女性）
「いいと思える点はまったくなかった。色も、文章も、レイアウトも、なにもかもダメ」（52歳、女性）

こうした率直な厳しい意見を読んでいて思い出したのが、デイビッド・オグルビーのあのことばだ。「消費者はバカじゃない。あなたの奥さんなのだから」。有望な見込客を獲得してコンバージョンしようと思うなら、相手に信用してもらわなければならない。こうした批判的意見にまず耳を傾け、自社サイトをよく調べて、「ダメ」な点を見つけるところから始めよう。

ウェブデザインの基本原則はどのデモグラフィクス（人口統計）にも共通している。コーディング教室を無料提供している（先ほどの調査とはおそらくデモグラフィクスがまったく異なる）オンライン・インタラクティブ・プログラムのCode Academyも、先ほどの健康関連サイト調査の女性たちと驚くほど同じようなアドバイスをしている［2］。

2015年9月にはアメリカ政府までが、今後すべての政府関連サイトのデザイン規格をまとめている[3]。中年女性、コーダー、政治家、みんながみんな優れたウェブデザインの重要性を認めているのに、それを無視してサイトをほったらかしにするなんて愚かだ。

中年女性、コーダー、政治家、それぞれの意見に見られるデザインの基本原則を以下にまとめてみた。なぜそれが重要か、について僕の説明も加えている。

1カラム 1カラムのレイアウトにすることで、「1ページ1目的」が可能になる。カラムが2つも3つもあると、雑然としてわかりにくく、うるさい印象になりがち。それに、モバイルデバイスにも対応した1カラムレイアウトのほうが、つくるのもはるかに簡単。そもそも、トラフィックや見込客の50%以上はモバイルデバイスから入ってくる。ワードプレスやSquarespaceといったプラットフォームで自社ウェブサイトをつくるなら、テーマは1カラムのものを選ぶこと。

社会的証明 「この会社はすごい」と言ってもらうのが、「当社はすごい」をアピールするいまのやり方。会社のメッセージだけじゃなく、満足度の高いお客様のフィードバックも掲載することで、サイト経由で入ってくる見込客の質量ともにアップするはずだ。

イエルプ、グーグル、フェイスブックなどで見つかるコメントや、リンクトインから推薦のことばがあれば理想的。こうした大手のロゴのほうが、自社ロゴよりもすぐに認識され、信用してもらえる。すばらしいコメントがネット上に転がっているのに、きちんとまとめて自社サイトで紹介できていない企業のなんと多いことか。

「消費者の88%が、ネット上のコメントを知人からの勧めと同じように信用する、と答えている[4]」のだ。

コントラストをつける　少ない色づかいのほうが、かえって色が「目立つ」。余白の重要性もあなどってはいけない。優れたデザインのサイトは、売上につながる部分にすばやく誘導している。「控えめが効果的」の精神で、コントラストをつけよう。色を使うのは、行動喚起などの重要な部分だけでいい。コントラストをつけることで、一番見てもらいたいページ、ボタン、リンクなどをクリックしてもらえる。

記入項目は少なめに　相手の注意を引く時間は8秒しかない。となると、連絡先フォームにあれもこれも記入してもらうわけにはいかない。氏名と電話番号は外せないが、できればメールアドレスもほしい。「フェイスブックまたはグーグルでログイン」のボタンが記入フォームの上か下にあれば、相手は入力の手間が省ける。

ほかの選択肢も用意しておこう。「電話・555-5555、メールアドレス・Hello@Curaytor.comでもお問い合わせいただけます」のひと言を、連絡先記入フォームがあるページのどこかに必ず入れておくのだ。連絡先をわざわざ記入してくれるような人なら、いますぐ連絡をとりたい、と思っているかもしれないからだ。問い合わせ用電話番号やメールアドレスがすぐに見つけられないようなサイトは、いますぐ修正すること。

絞り込む　選択肢が多いほど決断しにくくなる。行動喚起はできれば1ページにひとつに絞ったほうがいい。1画面で、メルマガ購読登録、ツイッターフォロー、さらにeブックのダウンロードまで案内されたら、僕ならどれも実行しない。「1ページ1目的」だ。行動喚起がいくつか必要なのは、トップページだけ。それ以外のページはすべて、一番重要な目的ひとつに絞り込もう。

目印を大きく　見込客の獲得には特に重要。Code Academyが「フィッツの法則」を挙げてこう説明している。「目印となるエリアに移動して行動をとるのにかかる時間は、その目印の距離および大きさと相関関係にある。目印が近くて大きいほど、行動も速い」つまり、自社サイトやランディングページにある記入フォームの各項目の大きさと間隔が重要なのだ。記入フォームが小さすぎたり、間隔が空きすぎたりしないよう気をつけよう。

例外に対応する

サイトを2度3度、あるいは何度も訪れてくれる人も多い一方で、初めて訪れる人もいる。特に、僕の説明に従ってフェイスブック広告をおこない、新たな見込客をサイトに毎日送り込むようになると、初めての訪問者が増えてくる。また、消費者の多くはネットで存在を知った企業には電話をしたがらない、と言っていいだろう。それでもやはり、電話をかけてくれる「例外」に備えて、問い合わせの電話番号がすぐ目に入るようにしておくべきだ。完璧なサイトであっても、訪れた全員を獲得するわけじゃないのが現実。購入を真剣に検討している人をとりこぼさなければいいのだ。「例外」訪問者（訪問頻度が高くなく、あなたの会社やブランドをよく知らない人）も、よく訪れる人と同じように温かく迎えるのだ。

これから新たにサイトを立ち上げようとしているなら、先ほどの消費者のコメントやデザインの基本原則を目安にすること。サイトを自分でつくる人以外にも当てはまる。僕にも経験がある。ワードプレスやSquarespaceなどのプラットフォームを使い、見栄えのいいサイトをつくって、あとからエキストラを追加するなら簡単だし費用もかからない。でも、自分でいちからサイトをつくって立ち上げるのはかなり大変だ。よさそうな「テーマ」をダウンロードしても、きちんとセットアップするのになにかと手間がかかる。

何年か前、僕は親友のスティーブ・パシネッリと立ち上げて共同経営していた、テック・サビー・エージェントのサイトの立ち上げにかかりきりになっていた。サイトのデザイン、構築、カスタマイズに、文字どおり何時間もかけ、徹夜した日も数知れない。

これがまたひどいサイトだったのだ。僕たちはクリエイティブなつもりだったけど、世間の常識やウェブデザインの標準の正反対をいくものだった。黒バックに緑青の文字なんか使っていたのだから。幸い、コンテンツがよかったし、当時のウェブデザインはわりとなんでもありの世界だった。でなきゃ、目がちかちかするこんなサイトは見向きもされなかったはずだ。

結局、プロのウェブデザイナーに依頼したところ、一転したのだ。自分たちでつくった最初のサイトから得た売上をつぎ込んで、開発兼設計者（ケン・グレインジャー）に依頼し、ワードプレスでサイトをつくってもらった。かかった費用は5000ドル。初めてプロにつくってもらったこのサイトの立ち上げが2010年の5月。それまでのサイトで1日のページビューが1000を超えたことはなかった。それが突然、ナビゲーションバーがあり、明るくメリハリの効いた色づかいのサイトに変わったとたん、劇的な効果があった。

この新たなサイトの立ち上げ初日だけで、それまでで一番多かったページビューの3倍を達成したのだ！　しかも、良質なコンテンツをどんどん生み出したから、これだけのトラフィックを来る日も来る日も長期間にわたって維持することができた。1日3000ページビューが可能とわかった僕は、すぐに目標を大きく掲げ直した。月間10万ページビューを目指したのだ。もちろん本気だったし、プロがデザインしたこのサイトなら、1年で達成できると思った。それがなんと、目標を掲げてから1カ月で達成できたのだ。良質なコンテンツを良質なデザインで提示したことで、今度は年間100万ページビュー超えも視野に入れるようになった！みにくいアヒルの子が堂々たる白鳥になったわけだ。サイトやランディングページを立ち上げるときは、しっかりデザインできるプロに依頼する価値が十分にある。

何年も前のサイトを更新しているという人は、プロに依頼するのが身のためだ。一度見栄えよくつくってもらったらそれきりにするのではなく、この先数年は更新してもらえる予算を見ておくこと。デザイン基準は移り変わりが速い。この章にあるデザイン原則のリストをウェブデザイナーに渡し（あくまでも自分でつくるという人は自分で参照し）、それに沿ったサイトにしよう。その効果はてきめんかつ劇的なものとなるはずだ。

サイトを手っとり早く「リードジェネレーションマシーン」にする

デザインの優れたサイトを新たに立ち上げるなんて、気が重いし、時間も費用もかかる、と思っているかもしれない。ご心配なく。（ほぼ）どんなサイトでも「リードジェネレーションマシーン」に手っとり早く変える方法があるのだ。ただし、サイトにトラフィックを送り始める前に、ちゃんと機能する仕掛けと美味しい餌を用意しておくのを忘れないように。

効果実証済みの手法やアドオンで、サイト訪問者を見込客として獲得する割合（いわゆるコンバージョン率）が上がり始めることもある。サイトに入れる行動喚起の数についても、さまざまな意見がある。ただ、先の調査に協力した女性たちのコメントにもあったように、多すぎると相手は困惑する。49歳の女性のコメントを思い出そう。「広告バナーがイヤ。なにかの販売や、ここをクリックすれば無料のなんとか、なんてのを見せられたら、もう関心がなくなる」。

バナーやポップアップ、自社広告をサイトに載せても効果がない、と言いたいわけじゃない。コンバージョンコードを読み解くうえで重要な要素だ。ただ、相手を困らせたりだましたりして連絡情報を入手するやり方をしていると、その後のメールのやりとりや、電話でのセールスがかなり難しくなる。第一印象が重要だからだ。

目標は、いますぐ購入してくれる人、あるいは営業と話がしたい人の役に立つサイトだ。その一方で、いずれ購入してくれそうな人の情報入手とトラッキングもおこなわなくちゃいけない。

相手を（あまり）困らせずに、サイトでデータを獲得する実証済みの方法をいくつか紹介しよう。サイトに組み込む際は、例のデザイン原則もお忘れなく。

- 「アラート」ボックス(Intercom、Kissmetrics、Engage、HelloBarなど)
- ライブチャット(Intercom、Zopim、Olarkなど)
- フルスクリーンポップアップ(退出意思表示など、訪問者の行動にタイミングを合わせる)(Intercom、Kissmetrics、Engage、Optionmonster)
- 問い合わせ先をサイトのヘッダーかフッターに入れる(電話番号、メールアドレス、住所は、すぐ目につくところで、クリック可能にしておく)
- お問い合わせ専用ページを「会社概要」や「お客様の声」のページ、サイトナビゲーションのメニュー、ヘッダー、フッターとリンクさせておく
- ほかの連絡方法、「電話、テキストメッセージ、ライブチャット、メールでのご連絡」をコンタクトフォームに入れておく

いまあるサイトにこうした要素を一括組み込みで処理したい場合は、SumoMeが便利だ。なかでも、Welcom Mat、List Builder、Scroll Boxなどのアドオンが気に入っている。SumoMe、Kissmetrics、Intercomのおかげで、こうした要素をサイトに組み込むのもほんの1、

2行のコードで済んでいる。

あまり活用されていないけど、リアルタイムのライブチャットが優れている点として、文脈に即したメッセージやきっかけづくりになることが挙げられる。サイト上のある特定のページを訪れたり、ある程度まとまったページを見てくれたり、サイト滞在時間が長かったりする人がいたら、こうしたツールが超具体的なメッセージを発してくれる。たとえば、「お客様からのコメント」のページを見ている人に対して、ライブチャットがポップアップしたり、アラートバッジが出たりしてこう伝える。

「クリスさん、当社へのコメントを読んでくださりありがとうございます。わたしも購入前には必ずコメントを読みます。なにかご質問があればお知らせください！」

あるいは、ブログの記事を何本か読んでいる人に、こんなダイナミックメッセージを誘発させることもできる。

「ありがとうございます！　すばらしい記事をいま4本続けて読んでくださいました。当社のブログ記事をお知らせするメールマガジンの購読をご検討ください」

可能性はまさに無限だ。要するに、この2点を考えればいい。①なにをきっかけにするか。②そのきっかけが作動したとき、どんなメッセージ、リンク、方向づけを表示させるか。

こうした行動ベースの「メッセージ」（メールによるマーケティングメッセージにも応用できる。

詳しくは167ページ参照）なら、訪問者ひとりひとりに合わせた対応ができるし、相手をぞっとさせたり困らせたりすることはなく、関連性のある半自動的なコンタクトがとれる。

従来型「ライブチャット」なら、OlarkやZopimといったツールを使えば、いまのサイトのほとんどにものの数分で簡単に組み込める。サイトを実店舗のようなものだと思えばいい。コンバージョンコードを実行すれば、毎月、大勢の人が来店するようになる。「ちょっと見るだけ」以外のお客さんが来た場合に備えて、店にだれかいるようにしておけば、行き届いたサービスが可能になる。相手は購入を真剣に検討していて、もう少し詳しく話を聞きたいけど、連絡先を記入したり電話をかけたりするほどでもない、と思っているかもしれないのだ。

こうしたリアルタイムのメッセージツールを使うのは、要するに「対応可能」だということ。無休で24時間対応はムリでも、見込客にすぐ電話をかけるのと同じように、ライブチャットも即対応できる点が重要なのだ。こうしたツールを一度インストールしてしまえば、自動かつカスタマイズされたチャットツールに反応があるたびに知らせが入り、便利だ。どのチャットでも問い合わせに答えることが目的とはいえ、相手の連絡先（氏名、電話番号、メールアドレス）も入手したい。相手にとってチャットをするのはすぐに問い合わせたいからだけど、こちらにとっては、なるべく早くアポをとったり電話で話をしたりするためなのだ。

コンバージョンにつながった実際のライブチャット例を紹介しよう。ライブチャットを利用する超有望な見込客に対しては、会社の説明なんて一切していないことに注目してほしい。その代わり、アポとりや電話番号の入手に焦点を当てている(図1・1)。

ライブチャット経由の超有望見込客とのやりとりをもうひとつ(図1・2)。

ライブチャット経由の見込客は最良の部類に入ると思う。いままでライブチャットに見込客が入って来ていないなら、これからだ。ライブチャットを組み込んであるけどうまく活用できていないなら、うまく活用することで、営業にとって質のいいアポが次々ととれるようになることに気づくはずだ。見込客がサイトにいても意味がない。アポをとってカレンダーに書き込むのだ! ライブチャットを活用すれば、マーケティングから営業への移行がスムーズになる。

ランディングページがいまの定番

2003年、マイクロソフトのIT部門がランディングページを立ち上げた。同社の最重要製品である「オフィス」がオンラインで売上不振なのを受けての策だ。このランディングページが非常に効果的なリードジェネレーションを実現している理由はいたって簡単。ページの目的を「ひとつ」に絞っているからだ。これと比べて、あなたのサイトやブログはどうだろうか。ナビゲーション選択肢やカテゴリーがいろいろあって、どこを見ればいいか迷ってしまうので

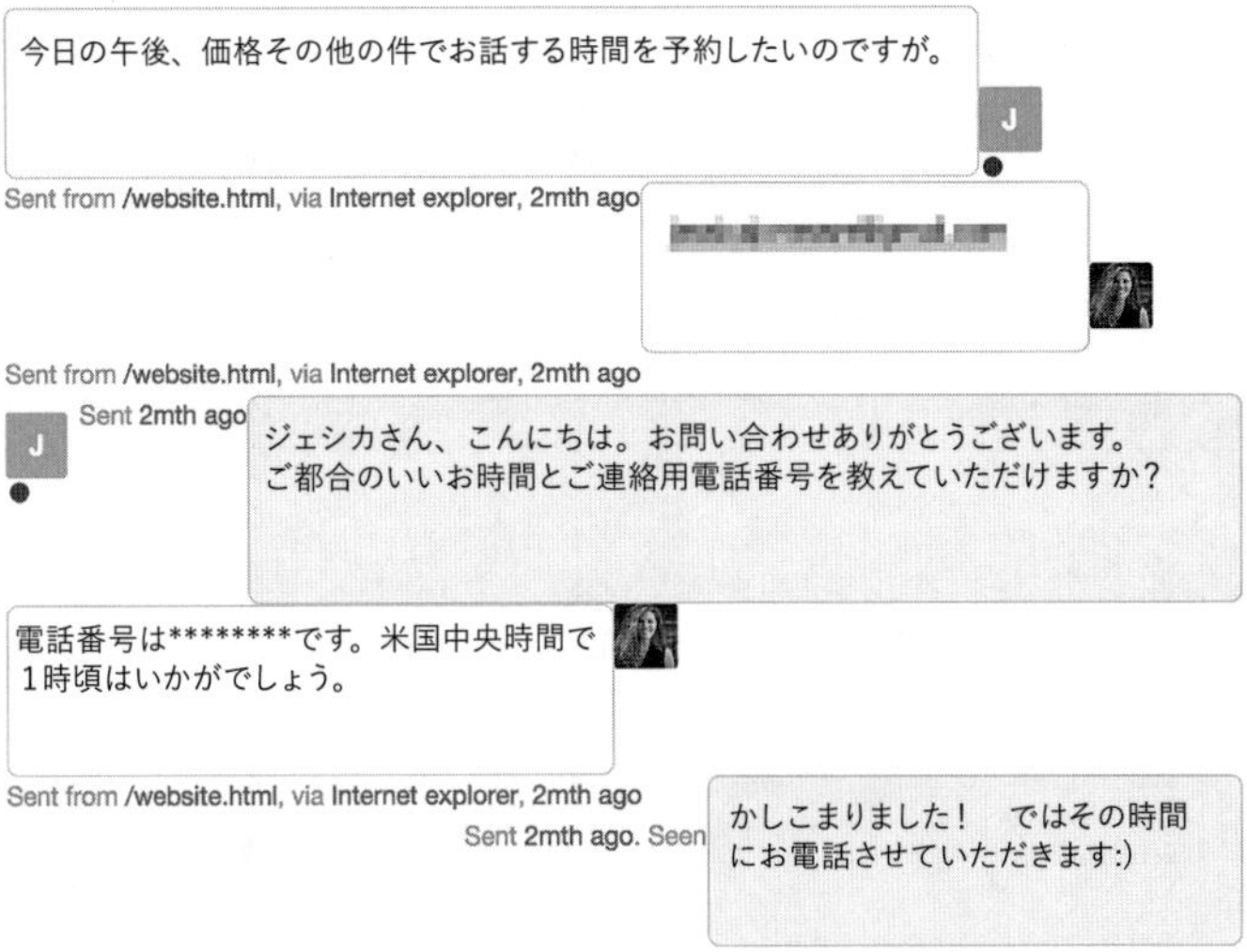
今日の午後、価格その他の件でお話する時間を予約したいのですが。
J
Sent from /website.html, via Internet explorer, 2mth ago
Sent from /website.html, via Internet explorer, 2mth ago
Sent 2mth ago
J
ジェシカさん、こんにちは。お問い合わせありがとうございます。
ご都合のいいお時間とご連絡用電話番号を教えていただけますか？
電話番号は********です。米国中央時間で
1時頃はいかがでしょう。
Sent from /website.html, via Internet explorer, 2mth ago
Sent 2mth ago. Seen
かしこまりました！　ではその時間
にお電話させていただきます:)

図 1.1　ライブチャット例その 1

デモ版の予約をしたいのですが。
前から関心があって、うちのブローカー用に探しているんです。
Sent from http://www.curaytorsystems.com/, via Chrome, 2mth ago
Sent 2mth ago
ニックさん、こんにちは。かしこまりました！
少し前にニールとお話しになりましたね。
ご都合のいい日時はいつでしょう？　明日はいかがですか？
今日の午後1時頃が一番ありがたいのですが、明日の昼12時でも構い
ません。

図 1.2　ライブチャット例その 2

はないだろうか。予算がギリギリで、投資効果が必須となれば、プロのマーケターはランディングページを活用するわけがこれでおわかりだろう。

ウィキペディアはランディングページを次のように定義している（つくってくれたマイクロソフトのＩＴ担当者にみんなで感謝しなくちゃ）。

ランディングページとは、検索エンジン最適化の検索結果やオンライン広告をクリックすることで表示される、１枚のウェブページのことで、俗に「リードジェネレーションページ」とも言う。ランディングページに表示されるダイレクトセールスコピーはたいてい、クリックした広告や検索結果やリンクと関連している。広告効果を高めるために、ソーシャルメディア、メールキャンペーン、検索エンジンマーケティングキャンペーンなどにリンクしている場合が多い。

ランディングページの主な目的は、サイト訪問者を購入または見込客にコンバートすること。リードジェネレーションが目的の場合は、訪問者とコンタクトがとれるように、電話番号や問い合わせフォームがある。

この本の売りでもあり、見込客とアポをいますぐ獲得できるようにしているのが、まさにこここだ。「ソーシャルメディア、メールキャンペーン、検索エンジンマーケティングキャンペーンなどにリンクしている場合が多い」。

グーグルがSEOやSEMで寄こしてくるトラフィックは、広告の「プレビュー」やリンクが非常にテキストベース寄りだけど、ソーシャルメディアやメールマーケティングなら、相手がクリックしなくてもこちらの商材を視覚的にわかりやすく表示できるから、ランディングページ訪問者のコンバージョン率が劇的にアップする可能性がある。

フェイスブック広告やメールマーケティングを活用したランディングページ戦略の詳細は132ページと73ページで詳しく説明している。

ランディングページにトラフィックを送り込む前に、サイトのデザインとユーザー体験と同様、すでにあるランディングページにも手を入れる必要がある。できれば初めからやり直して、訪問者の氏名、電話番号、メールアドレスを来る日も来る日も獲得できるように最適化したランディングページを新たに立ち上げたほうがいいかもしれない。そのやり方を説明しよう。

ランディングページのデザインに関しては、効果実証済みのベストプラクティスをあとで説明するつもりだ。ただし、デザインやテクノロジーの知識などがまったくなくても、

LeadPages、Instapage、Unbounceなどを使えば、クリックしていくだけで簡単に、費用もそれほどかけずに（あるいは無料で）立ち上げられる。用意されたテーマのなかから選ぶときは、「不動産」などのキーワードで検索すると、その業界に合うデザインが見つかるはずだ。

SumoMe（優れたプラグインをいろいろとりそろえていることは前にも触れた）にもWelcomeMatというものがある。これは、相手が見ているブログ記事や自社サイトの上に表示されるランディングページのようなもの（コンテンツを「下部へ」押しやるのだ）。これを使えば、サイトのどのページも一瞬でランディングページもどきになる。要するに、ありったけのオプション機能をサイトに組み込んだところで、ひとつの目的に絞り込んでつくられたランディングページにはコンバージョンではかなわないのだ。

待ってくれない短気メンタリティー

昔は2分間のテレビコマーシャルもみんなじっと見ていた。うそみたいだけど、早送りなんてできなかったのだ。ラジオを聴いていて、コマーシャルになったから局を替えてみたらもっとコマーシャルばかりだった、なんてことも。それがいまや、スマートフォンやスマートウォッチ、それにソーシャルメディア中毒のおかげで、関心があらゆるところへ向かっている。つまり、どこにもあまり長い時間とどまっていない、ということだ。それどころか、8秒以内に関心を引かないと次へ移ってしまうことが最近の調査でわかっている。2000年と比べて4秒短い。まだ金魚のほうが、注意持続時間が1秒長い！

脳の処理速度は文章よりビジュアルのほうが6万倍速い。したがって、コンバージョンコードを読み解くうえで非常に重要になるのは、ことばではなくデザインがネットでの信用を築く、と認識することだ。もちろん、ことばは重要。それどころか、どんなビジネスであれ、ネットで成功したければ、文章にはこだわるべきだ。フェイスブック広告、見込客のフォローアップメール、ツイートなどのウェブコピーをきちんと書けることが新たな技能なのに、ちゃんと書けていないところが多い。とはいえ、書いたものをちゃんと読んでもらいたいなら、「ビジュアルがすべて」の精神でいく必要がある。

この本の冒頭の「コンバージョンコードをどう読み解くか」で紹介したシルバーポップ社のレポートによると、「当社の戦略調査チームはまず、北米および英国の計150社に登録してメールを受けとった。40社がB2B、110社がB2Cの企業」そして、メールにある行動喚起のリンクをクリックすると誘導されるランディングページの質と効果を査定している。一斉メールを送って新しいランディングページへ誘導し、既存見込客に再オプトイン（承諾）させて、まだ関心があることを確かめるこの手法は、どの企業も活用すべきだ。

ここで調査したのは、URLのわかりやすさ、メールとランディングページでの文章の繰り返し度、コンバージョンの第一目的、デザインの一貫性と質、メインの行動喚起の配置、ナビゲーションバーの有無、フォームの有無、文章の長さ、サブヘッドの有無、リンクの種類と数、オプトインのリクエストなど。このレポートから得られた6つの重要なポイントがある。

①成果を出しているランディングページは、クリックを促したメールと同じ文章ですばやく目を引いている。にもかかわらず、ランディングページの45%が、メールと同じ文章を見出しに入れていなかった。

②クリックで自社サイトのホームページへジャンプさせると、メールで喚起した行動をしてもらえない場合が多い。にもかかわらず、ランディングページの17%が、ホームページへ飛ばすというムダをしていた。

③メールにあるリンクをクリックして表示されたランディングページの見た目や印象がメールと異なっていると、面食らうことがある。にもかかわらず、10件中3件の割合で、メールと一致しないランディングページに顧客や見込客を送り込んで困惑させてしまっていた。

④質問が多すぎると、相手は警戒心や不満感からそこで手を止めてしまう可能性がある。にもかかわらず、ランディングページの45%に、10項目を超える記入フォームが見られた。

⑤ナビゲーションバーがあると気が散り、コンバージョンの第一目的からそれる可能性がある。にもかかわらず、10件中7件の割合で、ナビゲーションバーを入れているケースが見られた。

⑥プロは、長い文章より短い文章を書くほうがよほど難しいのを知っているが、どう見ても楽なほうを選んでいるマーケターがいる。2回以上スクロールしなければならない長い文章が25％に見られた。

このほかにも、Kissmetricsのブログ記事「Anatomy of a Perfect Landing Page」（完璧なランディングページの構造）にランディングページ最適化に役立つヒントがある。記事の出だしで「完璧なランディングページをつくる確実な方法なんてない」としながらも、「完璧」に近い要素を的確に視覚化して列挙している（図1・3）。

このブログの記事でとり上げている主な9要素は次のとおり（僕の意見も入れている）。

❶見出し　わかりやすく、簡潔で、「関連性」を持たせる。ランディングページへジャンプさせた広告、メール、リンクの文章とひと続きにするべき。「お住まいの住宅価格を査定します」「フェイスブック広告に関するeブック無料プレゼント」とうたってランディング

ページへ誘導するなら、できるだけ同じ文章を見出しで繰り返したほうがいい。注意を引いていられるのは8秒まで（10年前より4秒短い）。見出しで格好つけようなんて思わないこと。でないと、このあとのアドバイスに従っても意味がない。

❷サブ見出し　見出しからの流れに合わせる。見出しが「お住まいの住宅価格を査定します」「フェイスブック広告に関するeブック無料プレゼント」なら、サブ見出しは「精度100％で今日時点の住宅価格をお知らせします」「いますぐ出稿して見込客を増やすフェイスブック広告27パターン」など。

❸本文　文法や句読点は大丈夫か、誤字脱字はないか、3回は見直す。これは本書でカバーしているものすべてに言える。ランディングページの本文、フェイスブック広告（132ページ）、ブログ記事（78ページ）、メールやショートメッセージ（208ページ）、いずれも細部までしっかり見直してから公開すること。購入してもらいたい、電話で話だけでもさせてもらいたい、と思うなら、一字一句たりとも疎かにできない。電話セールスが視覚に頼ることができないのと同じで、ネットセールスも文章だけが頼りだと考えよう。微に入り細を穿《うが》つのだ。

❹お客様の声　目的はすばやく信用を得ることだ。だれでも知っていて信用されているイェルプ、フェイスブック、リンクトインなどの高評価（評価者のビジュアルアイコン入り）を転

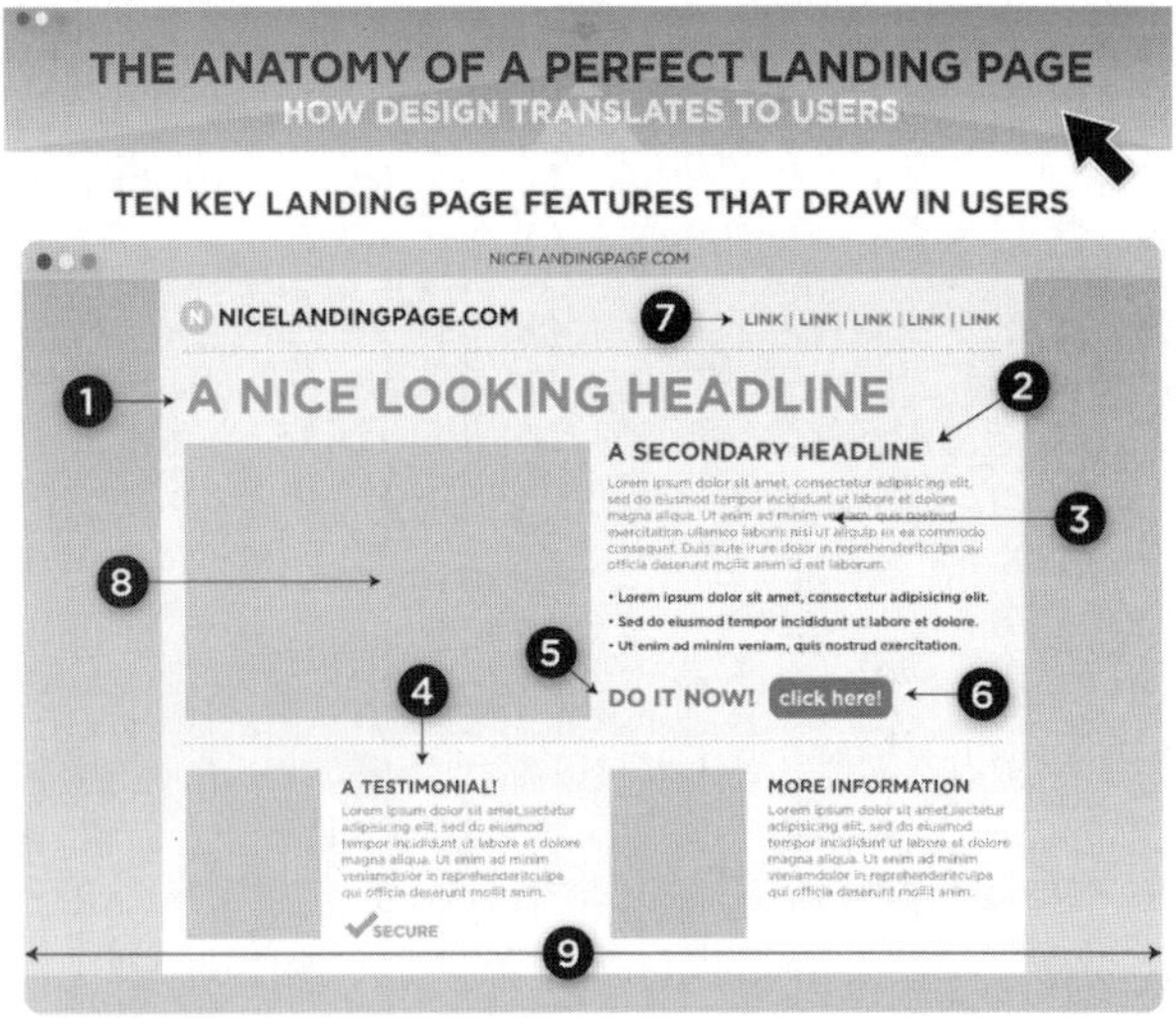

図 1.3　完璧なランディングページの構造

載すると効果的。お客様の声の利用は昔からある手法だけど、それよりも、米国商事改善協会（BBB）のお墨つきをいまも押し出している企業が多い。とはいえ、こうした昔ながらの「お墨つき」や「信用」のマークでもコンバージョンがアップする。メガネを扱うACレンズ社がVeriSignを利用し始めたところ、コンバージョン率が41%アップした。信用が購入動機となることは、昔もいまも、そしてこれからも間違いない。ネットで築く信用も信用であることに変わりないのだ。

❺行動喚起　相手にしてほしいことを、わかりやすく、目に入りやすく、適切な色づかい、適切な文章で伝える。「登録」や「購読」ではなく、「いますぐご覧ください」「ダウ

ンロードしてください」「アンロックしてください」「いますぐアクセスしてください」など。ファイヤーフォックス開発元のMozillaは、クリックボタンのコピーを「ファイヤーフォックス3をお試しください」から「いますぐ無料ダウンロード[5]」に変えただけで、コンバージョン率が3・6%アップした。前にも紹介したLeadPagesやUnbounceといったツールでも、ランディングページ、ボタン、色づかい、文章のABテストが簡単にできる。行動喚起はいろいろ試してみて、テストをおこない、変更することを厭《いと》わないほうがいいけど、もっとも効果的なものが見つかれば、それをどんどん利用しよう。

❻コンバージョンボタン　クリックすることでコンバージョンさせるボタンは、行動喚起の近くまたは下の目立つところに配置し、行動喚起のメッセージを入れたりそのまま繰り返したりする。Kissmetricsのアドバイス。「コンバージョンボタンは大きく、明るい色で、スクロールしなくて済む上のほうに配置したほうがいい。オレンジ色や黄色は目につきやすい」。ここでも普遍的ルールはないが(緑や赤が効果的な場合もある)、基本に従えば間違いない。

❼リンク数は少なめに　ランディングページの目的はひとつだから、ほかにもいろいろリンクがあるのはよくない。ほかへジャンプさせてしまったら、そもそも相手の連絡先情報を入手するために送り込んだ意味がなくなる。メインのサイトに戻るリンクや、利用規約や

プライバシーポリシーの説明ページを広告のガイドラインに則して入れなければならない場合もあるけど、いずれにしても、入れるリンクには細心の注意を払おう。ホームページとは違うのだ。通常のナビゲーションオプションなど必要ない。必要なのは見込客データなのだ！

❽画像または動画　いわゆるヒーローショットでいくか、いろいろとり混ぜて見せるかを考えるのは楽しい。画像や動画に文字を入れる必要はない。ごちゃごちゃしてしまう。ランディングページに使う画像や動画はこう考えるといい。『ニューヨーク・タイムズ』のマシュー・シャドボルトがうまい言い方をしている。フェイスブックのニュースフィードをスクロールしている相手の手を止めさせるインパクトがあるか。あとで説明するように、フェイスブック広告（138ページ）やブログ（83ページ）においてはもちろんのこと、ランディングページ（それにサイト）においても、ビジュアルは重要な要素だ。良質な写真素材が必要なら、著作権フリーでビジネス用カテゴリーのある、StockUp、Pexels、ShutterStockなどがお勧め。

❾ファーストビュー　モバイルデバイスでチェックする人が多いことを考慮すると（どのデバイスでも注目を引ける時間は8秒だ）、ファーストビューを最大限活かす必要がある。ファーストビューとは、スクロールしなくても目に入り、インタラクトできる部分のこと。時と

場合によっては、文章たっぷりの長いランディングページ（複数ページに渡ること場合もある）の出番もあるけど、ほとんどの場合は「ファーストビュー」重視でいけば間違いない。

僕がLeadPagesをよく使っている理由として、これで作成されたランディングページはすべて「コンバージョンレート」機能でソートできる点が挙げられる。ほかの人たちがつくったランディングページの教訓を学べるから、自分でいちからつくってはみたけど役立たずだった、なんてことにならずに済む。同じ業種で高い成果を挙げているテンプレートを選び、ちゃっちゃっと編集すれば完成だ。これでうまくいくという保証はないけど、慣れるまでのサポートと「ビッグデータ」に助けてもらうわけだ。成果を出しているランディングページの多くが、いま挙げた9つの要素のすべて、あるいはほとんどをおさえてつくられていることがわかるはず。

ウェブサイト、ランディングページ、行動喚起、クリックボタン、ビジュアル要素、文章をちょっと変えると、コンバージョン率にどのくらい影響するのかをもう少し詳しく調べたいときは、WhichTestWon.comが断然オススメ。ABテストが何百種類も用意されている。AとBどちらのパターンが効果的だったかの推測までさせてもらえる。いいと思ったほうが意外とそうじゃなかったことに驚くはずだ！

リターゲティングの活用

あらゆる仕掛けをうまく配置した世界最高レベルのサイトやランディングページでも、ひとりもとりこぼさずにコンバージョンさせるのはムリ。ありがたいことに、コンバージョンしていない訪問者は「リターゲティング」できる。アドステージ社のサヒル・ジェインCEOは、リターゲティングを「サメのタグづけ」と言っていた。サメをすべて捕獲して観察するのはムリでも、捕獲したサメにタグをつけることで、しばらく観察できる。リターゲティングもこれとよく似ている。コンバージョンしていない人はさっそく、フェイスブック、ウェブ、モバイルアプリでこちらの広告を目にするようになる。これで、関係が持続するサイトになる。ほとんどのサイトは1回きりで関係が終わってしまっている。1度うまくいかなければもう2度と連絡しないなんて、愚かもいいところだ。

有料無料を問わず、サイトにアクセスさせる戦略や戦術については、あとの章でたっぷり説明する。

ここまで説明してきた多くのヒントで、かなり高いコンバージョン率が得られるはずだけど、コンバートしていない人の割合のほうがどうしても高くなるのは仕方がない。これから立ち上げるランディングページでも、訪問者の9割以上を獲得できることはまずない。Marketing Sherpaの読者調査によると、無料または有料のなんらかのオファーをメールで知らせて、ランディングページにリンクさせた場合の平均コンバージョン率は5~11%だった[6]。フェイスブック広告やグーグル広告からのコンバージョン率はこれよりさらに低いだろう。

だからこそ、コンバージョンしていない人をフォローする機会を増やすことが不可欠なのだ。一度は「店」をのぞきに来てくれたけど、フォームに記入したりコンタクトをとったりしなかっただけの話。相手が引き続きネットでいろいろ見て回っているときに、リアルタイムでこちらの広告を表示させられるのがリターゲティングだ。アマゾンでなにかチェックしたら、その広告がフェイスブックのニュースフィードにまもなく表示された経験があると思う。それがリターゲティングだ。

さらに上級レベルのプロ用ツール、Driftrockなどを使えば、自社のデータベースやメールリストを丸ごと、ほぼリアルタイムで「リターゲティング」することも可能。不動産業者の場合、Zillowから見込客データが自社のCRMに自動的に入ってくるようにしておけば、その見込客が次にフェイスブックにログインしたりCNNのサイトをチェックしたりしたときに、その業者の広告や住宅の広告が表示される、というわけだ。

リターゲティングは、クッキー、ピクセル、電話番号、メールを追跡することで作動している。僕たちが使っているのはフェイスブックの純正ピクセルで、ニュースフィード、ウェブ、モバイル端末のリターゲティング広告に活用している。ウェブ全体のリターゲティング広告用にAdRollも利用している。リターゲティングを見込客のフォローアップやアポとりツールとして活用する方法は、第2部で詳しく説明している。

目的を持ってコンバージョンコードを始めるには、まずネットの「わが家」（自社サイトやランディングページ）をきれいに整えるのが先決で、「客」（アクセスや見込客）を招くのはそれから、と言った理由がこれでおわかりいただけたと思う。コンバージョンさせるサイトのデザイン、見込客を獲得するランディングページ、リターゲティング広告、すべてがフル稼働したところで、お次は、検索エンジン、ソーシャルメディア、リードジェネレーションに対してバッチリ最適化したブログ記事の書き方を説明しよう。

第2章

どんぴしゃのブログ記事を書く

配信コンテンツの最適化の基本を第3章で説明する前に、ここではまず、コンテンツ構成の最適化が重要である話をしたい。ネットコンテンツを制作する際、どのような構成にするかが非常に重要になる。リードジェネレーションを最大限実現するサイトやランディングページをどう構成すべきかは、第1章で説明した。次はコンテンツが必要になる。一番簡単な方法はブログを活用することだ。

断っておくけど、僕が関心のあるのはビジネスであって、ブログを書くことじゃない。だけど、僕の経験から、次のデータのとおりであることは間違いない。「ブログを優先的に活用しているマーケターのほうが、13倍以上成果を挙げやすい[1]」「ブログがある企業の79%が、インバウンドマーケティングに効果があると報告している[2]」。

僕も、ブログを書けば書くほど、売上につながっている。本当だ。キュレーター社の顧客を見渡してみても、数万ドル支払ってうちのサービスを利用してくれているクライアントの「費用対効果」や満足度は、突き詰めていけば、僕たちが勧めているブログ戦略を実行する意欲と能力次第なのだ。

ブログは絶対にしない、と思っているなら、僕たちがクライアントに勧めていることをぜひ検討してほしい。プロに依頼して書いてもらえばいいのだ！　僕たちもプロのジャーナリスト（ポール・ハーゲイ）に依頼してブログを書いてもらっているけど、その費用対効果は絶大だ。

ブロガー、ジャーナリスト、ライターなどの職業は過小評価されがちで、十分な報酬を得ていない人が多い。だから、うちでは大いに評価して、報酬を十分支払っている。その成果が物語っている。プロのライターが周りにいなければ、UpworkやFreelancerなどのクラウドソーシングサービスを利用して、質のいいコンテンツを制作してくれる人を探してみよう。あまり予算がなくても大丈夫。こうしたサイトがどんどん伸びているのは、フルタイムベースじゃなく、単発でも依頼できるようになっているからだ。

自分で書くにしろ、外注するにしろ、ブログに投稿する記事は1本1本を最大限に活用したほうがいい。では、どういうのを「どんぴしゃ」のブログ記事というのか、ちょっと見てみよう。

ソーシャルメディアのスケジューリングツールを提供しているBufferが、「The Anatomy of a Perfect Blog Post」（完璧なブログ記事の構成）[3]と題した記事で、ブログに不可欠な要素を特定している。なかでも特に重要だと僕が考えているのが以下のとおり。

効果的な見出しを書く

見出しが一番重要だ。BufferやCopyblogger（どちらも超オススメ）によると、10人中8人は見出しを読むけど、その先を読むのはふたりしかいない。さらに先まで読んでもらうようにできるかどうかは、効果的な見出しが書けるかどうかに直結する。僕も、本文全体よりも見出しに時間をかけることがよくある。見出しをどうするか考え、ブログの下書きに何本か書き込んでは、あとで練り直す、ということをしょっちゅうしている。見出しで行き詰まったら、とりあえず本文を書いて編集してみる。すると、編集し終わる頃には、一番ぴったりの見出しがたいてい思い浮かぶようになる。

Bufferは「心理学的裏づけ」のある見出しもアドバイスしている。次の見出し例を見てみよう。このいずれかの型が、いま一番バズっているサイトに使われていないだろうか。

- **意外性**　「これは完璧なブログ記事ではありません（完璧にできたはずですが）」
- **問いかけ**　「完璧なブログ記事を書く方法をご存じですか？」
- **興味のギャップ**　「完璧なブログ記事の10要素。９番めはムリ！」
- **否定形**　「もう二度とつまらないブログ記事を書かないでください」
- **方法**　「完璧なブログ記事を書く方法」
- **数字**　「完璧なブログ記事を書く10のヒント」
- **巻き込み**　「完璧なブログ記事をいまから書こうとしている人たちへ」
- **具体性**　「ブログへのトラフィックを２倍にする６ステップ」

ストーリーテリングでつかむ

見出しをマスターしたら、次はストーリーテリングが必須。アレックス・ターンブルとGroove HQのチームが自社ブログ記事の導入部を調べたところ、ストーリーテリングで始まる記事は、そうでない記事と比べて、最後まで読んでくれる人が296%、平均滞在時間が521%増えたことがわかった[4]。では、ストーリーテリングとはなにか。

出だしでいきなり「不動産業者に最適のアイパッドアプリはこれ」とするのではなく、話のつかみとして、こんな感じで入っていくのだ。

「時代遅れのパソコンで顧客とのやりとりに追われる日々の不動産業者スージー・スミス。先週末はアップルストアを訪れました。アイパッドで家探しをする顧客が増えていることに気づいていたスージーは、遅れをとるわけにはいかない、と考えたのです。仕事で使っているノートパソコンはほとんど噴飯物でした。週明け、スージーが職場からわたしに電話をしてきました。購入したばかりのアイパッドに入れる、不動産業者向けのお勧めアプリを尋ねてきたのです。わたしの勧めに従ってスージーが即ダウンロードしたのが、次のアプリです。あなたのお役にも立つかもしれません」

ストーリーテリング（話のつかみ）があるとないとでは、その違いと効果が明らかだ。

出だしは1行の文字を少なめに

クリックでブログに飛んできた人が最初に目にする部分が文字ぎっしりだったら、それだけで「うわっ」となってしまうかもしれない。出だしはあまり詰め込みすぎず、間隔をあけるようにしよう。先ほどの例で言うと、僕だったらこんなふうに改行して読みやすくする。

「時代遅れのパソコンで顧客とのやりとりに追われる日々の不動産業者スージー・スミス。先週末はアップルストアを訪れました。

アイパッドで家探しをする顧客が増えていることに気づいていたスージーは、遅れをとるわけにはいかない、と考えたのです。

仕事で使っているノートパソコンはほとんど噴飯物でした。週明け、スージーが職場からわたしに電話をしてきました。購入したばかりのアイパッドに入れる、不動産業者向けのお勧めアプリを尋ねてきたのです。

わたしの勧めに従ってスージーが即ダウンロードしたのが、次のアプリです。あなたのお役にも立つかもしれません」

先ほどの文字のかたまりと比べてほしい。かなり印象が変わるはずだ。改行し、行間をとることで、うわっという感じがしないのがわかると思う。

出だしを詰め込みすぎないこのやり方は、メールマーケティングの文章のところでも説明している（詳しくは211ページ）。

メインとなるビジュアル要素

インパクトのあるビジュアル要素を少なくとも1点は必ず入れる。プレスリリースの写真の効果について、こんなデータがある。以下、PRWEB Blogより抜粋。「ビジュアル要素がまったくないプレスリリースのページ平均滞在時間は2分18秒。一方、ビジュアル要素ありだと2分47秒[5]」。写真を1枚入れるだけで、滞在時間が21%アップしたわけだ。これはすぐに使える手だ。

記事ごとに写真を1点入れれば明らかに効果的だけど、このビジュアル重視の考え方を、自社サイトにも応用したらどうなるだろうか。

BuidZoom（請負業者検索サイト）は、自社サイトの各ページにビジュアル要素を1点ずつ入れたところ、より効果があることがわかった。先ほどのプレスリリースの例と同じことが起きたのだ。「サイト滞在総時間がいきなり約150％アップ、訪問者ひとりあたりの平均滞在時間も1分だったのが2分30秒に延びた[6]」。

ページあたりでもサイト全体でも、滞在時間が大幅に増えたことで、見込客を引きつけたり獲得したりする可能性が高まったのは、ひとえにインパクトのある写真を入れたおかげだ。

ちょっとしたヒント。無料で利用できる素材写真はいくらでもあるから、ブログの記事内容に合うインパクトのあるものを探すといい。キュレーター社では、StockUpとPexelsをよく利用している。

記事の長さはどのくらいにすべきか

記事の長さはどのくらいにすべきか、に関して参考になるすばらしいデータを、SerpIQと

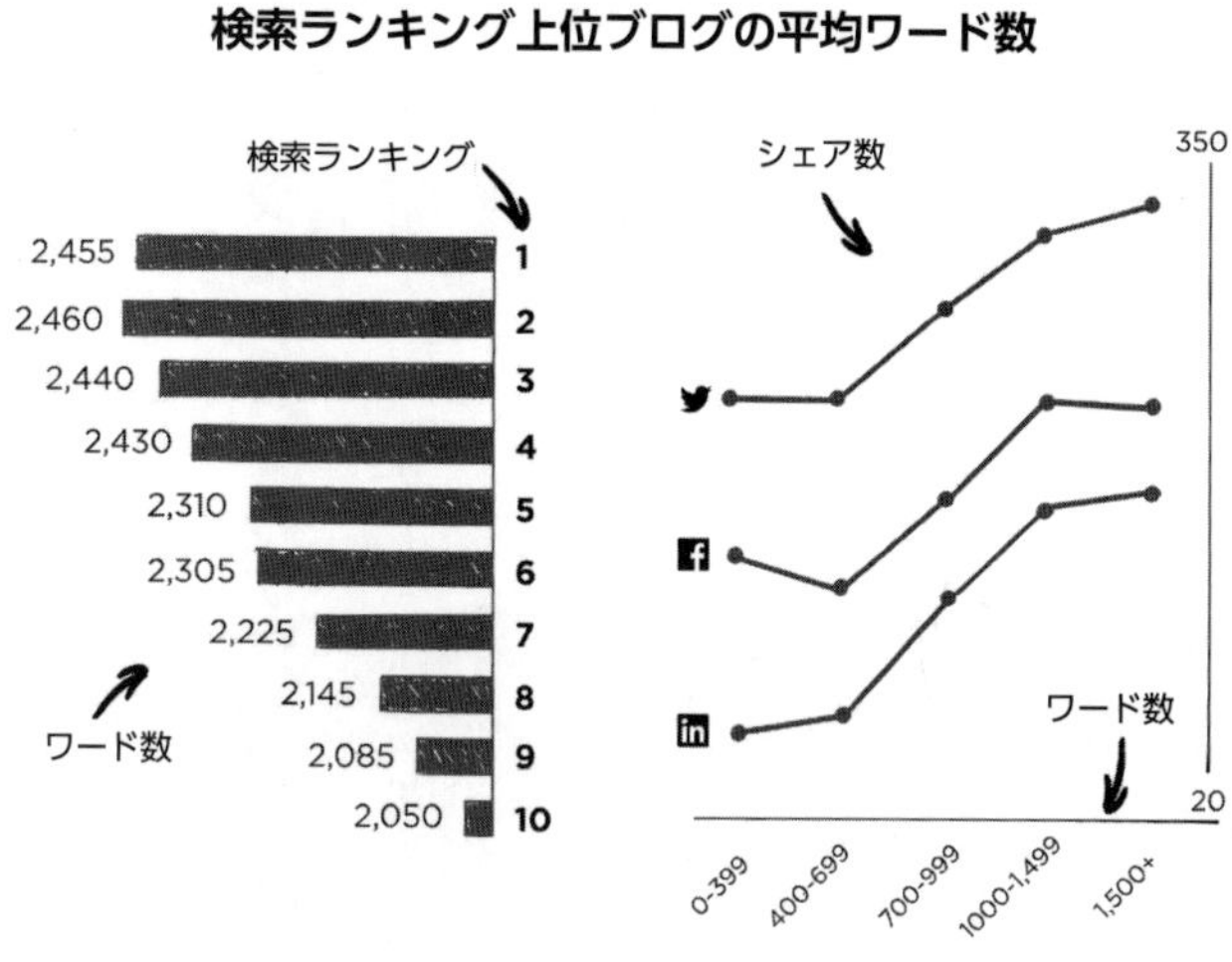

図 2.1　検索ランキング上位ブログの平均ワード数

Mediumが公表している。記事が長めのほうが、検索エンジンでも、ソーシャルメディアでも、より効果的なのだ。

グーグル検索で最初のページに表示されるコンテンツは、平均ワード数が2000を超えているのだ！（日本語で4000字相当）さらに、検索ランキングの1～10位は、ブログの記事の長さとほぼ正比例しているのがわかる（図2・1）。

ソーシャルメディアでシェアしてもらうには簡潔で要を得るほうがいい、と思うかもしれないが、そうじゃないのだ。右のグラフのとおり、フェイスブック、ツイッター、リンクトイン、いずれも、ワード数が増えるほどシェア数も増えている。

ツイッターの共同創設者エヴ・ウィリア

ムズが立ち上げた、ブログの人気プラットフォームMediumは、読み手のいわゆる「スイートスポット」は7分ほど（約1600ワードに相当）だと突き止めている[7]。

シェア対策のサウンドバイト

記事が書けたら、そのなかでも一番シェアしてもらえそうな、刺さる箇所、いわゆる「サウンドバイト」をひとつふたつ探そう。その部分は記事のなかで必ず目立たせる。ブロガーはよく、記事を書き上げてから、シェアしてもらいたい部分を決めている。記事のなかで一番刺さる部分を上のほうに持ってきて目立たせれば、たちまち拡散していくはずだ。ClickToTweet.com（ワードプレスならCoSchedule.com）で、こうしたサウンドバイトや拡散喚起が簡単に入れられる。

何を書けばいいかわからないとき

さあこれで、どんぴしゃのブログ記事の書き方もわかったし、ブログをうまく活用すればかなり効果があることもわかったと思う。ブログを始める気になってきたんじゃないだろうか。それでもまだ、ブログなんかしている暇はない、と考えている人に言いたい。それは結局、リードジェネレーションをおこないコンバージョンさせる時間をとっていないことになるのだ。サイトとランディングページさえ立ち上げておけば、あとはなにもしなくていいのが理想かもしれない。でも、トラフィックや見込客を一番多く獲得しているサイトは、ブログに力を入れているのが現実なのだ。それに、新たなコンテンツを常にブログにアップすることで、フェイスブック広告やメールマーケティングキャンペーンに利用できる新たなコンテンツにも事欠かずに済む。

文章を書くことに、オンラインもオフラインもあまり関係ない。オンラインでもどうしたってライターズブロック（行き詰まり）はある。そこで、ブログ記事を書くときに役立つアイデアをまとめてみた。どの業界でも使えるはずだ（50の全リストがOptinMonster［8］で確認できる）。

メールによる問い合わせで一番多いのは？
最近の業界ニュースで気に入った記事は？
最近がっかりしたことは？
仕事を始めた頃に知っていたら、と思うことを10リストアップ。
最近おこなったプレゼンの内容を書いてみる。
週2〜3時間の節約につながる方法を編み出したことは？

最初の2～3週間ですべきことを顧客にお勧めするとしたら？
インタビューできそうな業界のトップやインフルエンサーはいないだろうか？
導入した新たなツールやアプリケーションで作業改善につながっているものは？
究極のリソース記事を書いたことは？
その業界で自分が特に力を入れていることは？
ここ数年で仕事のやり方はどんなふうに変わってきた？
その製品、サービスでどんなことができる？
「都市伝説」と「実際」を比較してみる。

サイトとランディングページを最適化し、ブログ記事もバッチリ書けた。次は、そのブログのコンテンツを、リードジェネレーション、ソーシャルメディア、検索エンジンに合わせてしっかり最適化する番だ。

第3章

コンテンツを最適化する

第1章では、リードジェネレーションにおけるデザインの重要性について説明した。第2章では、「どんぴしゃのブログ記事」を構成する方法を説明した。

これで、ウェブサイト、ランディングページ、しっかりしたコンテンツがそろったことになる。そのコンテンツもまた、リードジェネレーション、ソーシャルメディア、検索エンジンに合わせて最適化するのが、コンバージョンコードを読み解くうえで重要だけど、デジタルマーケティングに精通している人でさえ、見落としがちなステップでもある。

客を食事に招いたら、ただくつろいでもらうだけでなく、「できる限り最高のひととき」を過ごしてもらいたいはず。

ブログやソーシャルメディアのコンテンツをできるだけ「バイラル化」させるためにできる具体的なことがいくつかある。「バイラル化」と言っても、不機嫌なネコや「Charlie Bit My Finger」（訳注・チャーリーに指噛まれた。再生回数が8億回を超える赤ちゃんもの）などのユーチューブ動画のバイラルの話じゃない。バイラル最適化は、できるだけ拡散させて、できるだけ多くのリードジェネレーションにつなげるための、コンテンツ設計術なのだ。

リードジェネレーション最適化

まず一番肝心な部分に焦点を当てよう。たとえ、グーグル検索で「見つけてもらえて」、リードジェネレーションにぴったりのプラグインもすべて組み込み、シェアしてもらうバッチリなコンテンツを用意していても、それだけではまだ、できるだけ多くのリードジェネレーションにつながるとは限らない。まず、リードジェネレーションに合わせたコンテンツの最適化が必要。それには「見込客マグネット」を組み込むのだ。

見込客マグネットは要するに、氏名、電話番号、メールアドレスなどの個人情報と引き換えにしてでもほしい、と思わせるなにかだ。自社サイトにただアクセスしてもらうのに個人情報を登録させるのはどうかと思うけど、ある特定のページとか「特別ななにか」にアクセスするには登録させるべきだ。見込客マグネットは、「××をいますぐ入手する」のに必要なオプトインフォーム、という形でランディングページに用意されていることが多い。そのフォームに記入してくれた相手がすぐ××を入手でき、こちらも相手の情報をすぐ入手できるよう設定しておく。

どうすればブログがビジネスの推進力になるのだろう、と思っている人には、見込客マグネットがその答えの一部となる。Digital Marketer[1]の協力を得て、9つの見込客マグネット例（と僕の意見）を以下に紹介する。どの業界でも、どんなランディングページにも応用できるはずだ。

①入門ガイド／冊子／eブック　こうした体裁につくり替えることで、ブログ記事よりずっと価値があるように感じられる。「究極のフェイスブック広告入門ガイド」「ソーシャルメディアでリードジェネレーションを実現する無料eブック」などの冊子にまとめることで、同様のブログ記事と比べて、コンバージョン率もメールリスト数もアップできる。eブックと言っても、アマゾンやiBooksに載せる必要はない。PDF形式でホスティングサービスにアップしておき、登録してくれた人に、メール、ショートメッセージ、URLのリダイレクトで届ければいい。

②虎の巻／資料／チェックリスト　ネットには実に多くのコンテンツがあふれ返っているから、ちょっとした「虎の巻」のダウンロードは興味をそそりやすい。「ソーシャルメディアに理想的な写真サイズの虎の巻」「いますぐリードジェネレーションを実現するためのフェイスブック広告チェックリスト」といった形で情報を提供するのも効果的。ターゲットにとって値打ちがありそうなのは、どんな「虎の巻」だろうか。うちのクライアントである不動産業者は、「この週末に実施されるオープンハウス全リスト」で、新たなメールアドレスを何千と入手している！

③情報ツール／リソースリスト　住宅の購入を検討している人は、Zillow、Trulia、Realtor.com、Homes.comなどの複数のサイトをチェックしている。ほかにも役立つサイトが何百とあるのに、あまり知られていないのだ。そこで、「家探しに役立つ37のサイト」といったものを用意すれば、効果的なリソースリストになるはずだ。

④動画／ウェブセミナー　僕にとって、コンバージョンに一番つながっているのは動画だ。動画なら、うちの営業がまだ電話もかけないうちから、僕という人間も、うちの売り物も、どんな会社かも、よく知ってもらえる。みんながみんな動画向きとは限らないけど、動画やウェブセミナーには、文章コンテンツだけでは伝わらないものがいろいろあるのだ。動画は本当に重要になってきているから、カメラの前に立つのが苦手な人も、なんとかして活用するよう勧める。

ScreenFlowやCamtasiaのスクリーンレコーディング（画面録画）を使ってみよう。Animoto、Replay Video Editor、iMovieといったごく簡単なモバイルアプリでも動画の作成や編集が可能。たとえば、「いますぐ見られる、フェイスブック広告マスターコース」「フェイスブック広告ウェブセミナー受講申込受付中」といった見出しで投稿すれば、獲得できる見込客が増えるだけでなく、文章よりも動画を好む新たなタイプの見込客も流れてくる。

⑤ソフトウェア／無料お試し　DotLoopでは、よくあるフリーミアムを見込客マグネットにしていた。キューレーター社では基本（だけどすばらしい）ソフトを（個人情報と引き換えに）「無料」提供している。その後、営業があなたに電話して、その無料版にはない追加機能を「アップセル」するわけだ。フルバージョンを無料提供してもいいけど、その場合は試用期間を限定すること。無料お試しを見込客マグネットとして活用している企業でよく知られているのが、エバーノートやドロップボックスだ（うまくいっているに違いない。僕はどちらも有料版に切り替えた）。

⑥割引　「節約したい人は、いますぐアカウント作成すれば20％割引！」この手のものをたくさん目にしたことがあるはず。もちろん、効果があるのだ。だれでもお買い得には引かれる。ほかにもときどき見かけるテクニックとして、「カートに追加すると価格表示」というのがある。プロモーションコード（クーポン割引）と同じで、これも見込客マグネットと行動喚起の一種であることは明々白々だ。なのに、この直球ど真ん中をあまり実施していない企業のなんと多いことか。

⑦クイズ／アンケート　「あなたはイケてる？」「あなたが結婚できそうな芸能人は⁉」といった見出しをニュースフィードで目にしたことがないだろうか。こんなふうに「クイズ形式」にするのは、興味をそそるうまいやり方だ。拡散効果がすぐ表れる（出たスコアを友人たち

とシェアしてもらえる）からだ。TryInteract.comやPlayBuzz.comといったサイトで、オリジナルクイズを簡単に作成できる。

⑧査定／診断テスト　このいい点は、自分から連絡をとるつもりは全然ないけど、そうしたほうがいいかどうか確認ぐらいはしてもいいかな、と考えている人にリーチできることだ。「当社がお役に立てるかどうかを無料診断」と「どなたかわかりませんが、当社がお役に立ちます！」とでは、大違い。キュレーター社のサイトには、じっくり練り上げた9ステップの自己診断テストが用意してある。記入すると、自社の仕事ぶりが査定され、僕たちがいいパートナーになれるかどうかが、こちらにわかるようになっている。この診断テストは同業者とスコア比較ができる点も気に入ってもらえている。自己啓発書をたくさん出しているアンソニー・ロビンズは、自己分析ツールのＤｉＳＣプロファイルを利用して、見込依頼客を評価し、その結果をオンラインでも公開している。これでおそらく何十万人というメールマガジン購読者を獲得しているはずだ。

⑨追加情報　販売価格をサイトに表示していない場合、「詳細はお問い合わせください」「お見積りします」などが、情報を記入してもらういい口実になる。最初から全部知らせてしまうのではなく、相手が情報を提供してくれたら、価格や利用可能かどうかがわかるようにするわけだ。この手法は、「動画デモ」を見てもらってから、見積ります、と最後に提示

するとかなり効果的。僕たちは、8分間のデモ動画を見込客マグネットとして提示して、見込客も売上もどんどん生み出している。

どんな見込客マグネットがいいか、ありうるか、あまり考えすぎないように。

不動産業者なら、リスティングと住宅価格レポートが最適だ。この業界では昔からずっとこのふたつが見込客マグネットなのだ。インターネット以前は、紙に印刷していた、というだけの話。

ローンを勧めているなら、その日の金利情報や、借り換えた場合のローン計算あたりが最適だろう。以前は電話で問い合わせなければならなかった。いまや、アプリをダウンロードしたり、ネットでフォームに記入したりするだけで、こうした情報が入手できる。どちらも、コンバージョンになるわけだ。

どんな見込客マグネットにするか決めたら、あと2ステップで、なるべく多く利用してもらえるようにする。

まず、その見込客マグネットをサイトに埋め込む必要がある。サイトのメニュー、ヘッダー、フッター、ポップアップなどはすべて、こうした見込客マグネットやランディングページへのリンクが埋め込み可能だ。次に、ブログのすべての記事にも見込客マグネットを忘れずに入れる。僕も実際、自分で書いた記事に見込客マグネットをひとつふたつ入れるだけで（入れすぎはダメ）、見込客が常に入ってきている。

たとえば、「いますぐ使えるフェイスブック3つのアドバイス」と題したブログ記事を投稿したら、「フェイスブックマーケティングの全虎の巻もダウンロードできます」という見込客マグネットでその記事を締めくくる。こうした「仕掛け」リンクを投稿記事すべてに入れるべきだ。見込客マグネットは10パターン以上用意しておいたほうがいい理由はここにある。あらかじめ用意しておけば、新たなコンテンツを投稿するたびに、関連性のあるものをすぐ埋め込めるからだ。

見込客マグネットが決まっても、新たなマグネットを加え続けるのを忘れずに。ランディングページやオファーの数をけちってはいけない。700社以上の企業からベンチマークデータをまとめたHubspotによると、「ランディングページを10～15種類用意している企業は、10種類未満の企業と比べて、コンバージョン率が55％アップ、40種類を超える企業で500％アップしている」からだ。切り口、オファー、アイデア、見込客マグネットが多いほど、見込客もコンバージョン率もそれだけ増えるのだ。

ソーシャルメディア最適化

コンテンツをソーシャルメディアに最適化させることもまた、コンバージョンコードの重要部分。リードジェネレーション最適化は、コンテンツを相手にとって効果的なものにすること、検索エンジン最適化は、ページをランクづけているアルゴリズムを手なずけることにある。ソーシャルメディア最適化は、この両方だ。記事の注目度を決める人の心にもマシーンにもアピールする必要がある。ありがたいことに、この異なる両者に好まれるクロスオーバーがいくつかある。

まず、ソーシャルメディア最適化における画像の重要性から説明しよう。

ソフトウエア・アドバイス社がアドビ社と協同で「Social Media Content Optimization Survey」（ソーシャルメディアコンテンツ最適化調査）〔2〕を初めておこなった。この調査の目的は「ソーシャルメディアコンテンツ最適化のためにどのような戦術を用いているかを理解するため」だ。もっともよく用いられている戦術は以下のとおり。なぜ重要なのか、僕の意見も添えて紹介しよう。

- **最重要戦略は画像の活用**　これは言うまでもないだろう。どのソーシャルネットワークであれ、投稿する記事のすべてに入れるべきだ。ソーシャルメディアのコンテンツは、「画像がすべて」の考え方が必要。だれもフィードを読んだりしない。ざっと目を通すだけなのだ。投稿であふれているニュースフィードやツイッターストリームのなかでは、文字だけよりも、画像があったほうがはるかに目を引きやすい。ブログ記事へのリンクをフェイスブック、ツイッター、リンクトインでシェアするなら、目を引く写真を入れて、埋もれないようにしよう。なにをどこでシェアするにしても、とにかく見栄えをよくするのだ。そうしないと、どんなに時間を費やして記事を書いたところで、ムダ骨に終わってしまう。だれにも読んでもらえないのだから。このことは、フェイスブック広告のところでもまた説明する（132ページ）。

●ハッシュタグと具体的ユーザー名でシェアする　人気ハッシュタグを利用することで、影響力の大きいソーシャルメディアユーザーをタグづけるのも重要な戦術。Hashtracking.comで人気ハッシュタグを見つけて、フェイスブック、ツイッター、インスタグラムに投稿するときに使うといい。こうすることで、フォロワー以外のフィードにもコンテンツが届く。タグや言及もうまくおこなえば役に立つ。気に入ってシェアしてくれそうなものをシェアするなら、フェイスブックでタグづけしたり、相手のツイッターハンドルに「CC」をつけてつぶやきの最後に入れるといい。

●特定のグループやユーザーをターゲットにする

フェイスブックグループ、ブログ、ツイッターのアカウントのなかには、ひとつの話題について活発にやりとりしている、フォロワー数の巨大なコミュニティがいろいろある。母親業について、などもそうだ。こうしたグループやアカウントの管理人を見つけ出し、そのコミュニティでシェアせずにはいられないコンテンツをつくるのだ。フェイスブックの画面の上にある検索バーに「××に関するグループ」とか「なになに関心があるグループ」と入れて検索すれば、その分野で人気のあるグループが見つかるはず。Klout.comで、トピックやキーワードを入れて、もっとも影響力のあるネットインフルエンサーを探してみる手もある。

シェアするのは関心があること

最適化のこうしたヒントはいずれも、クリック数を増やすことが当然目的だ。とはいえ、シェア数も増やしたい。そうすることで、伝えたいメッセージが、こちらの世界から相手の世界へと広がっていくからだ。シェアボタンはブログの記事すべてに必ず入れよう。ブライトエッジ社が上位1万件のウエブサイトを調べて「Social-Share Analysis: Tracking Social Adoption」（ソーシャルシェア分析——ソーシャルメディアの採用とトレンドを追う）[3] にまとめている。そのなかで、ツイッターに関して、４００万件のツイートを分析した結果、次のことがわかっている。

「平均して、ツイッターのシェアボタンがないサイトは、メンションが4回、シェアボタンがあるサイトは27回だった。ツイッターのシェアボタンを入れることで、メンションが7倍になった」

マーケティングの成果を7倍にできるような策はめったにない。AddThisやShareThisは、シェアボタンをサイトにすぐ組み込める便利なサービスだ。サイトのデザインに合わせて見た目の雰囲気をカスタマイズすることも可能だし、モバイルにも最適化されている。ソーシャルメディア自体にも、「いいね!」「シェア」「ツイート」「フォロー」「購読」といった、いわゆる純正ボタンが用意されている。ターゲットにふさわしいソーシャルメディアのシェアボタンを組み込むようにしよう。僕は、シェアボタンを手当たり次第に入れるよりも、本当に重要なソーシャルメディアのものだけにしている。こうしたツールを活用することで、訪問者もページビューも見込客も、大きく増やすことが可能になる。AddThisもShareThisもアクセス解析データを提供しているから、シェアされたことがサイトやフォロワー数にどう影響しているかもわかる。

こうしたベストプラクティスに従うことで、見込客をもっと獲得できるだけでなく、既存見込客も含めて関係をもっと変えていくことにもつながる。先ほどの調査でも、「ソーシャルメディアコンテンツの最適化が関係育成に一番効果的」であることがわかっている。これは、既存顧客との関係にも、セールスファネル（見込客の絞り込み）の中ほどにいる見込客にも言えそうだ。見込客の育成には、メールマーケティング（218ページ参照）が以前から利用されている手法だけど、相手に合わせたソーシャルメディアコンテンツでも同じ成果を挙げられる。

グーグル最適化

グーグル検索でなるべく上位に表示されるようなコンテンツをつくるべきだ。正直言って、第2章の「どんぴしゃ」ブログ記事の書き方に従うだけで、SEO対策は成功したも同然。

ただし、あとで説明するフェイスブックマーケティング（110ページ）やメールマーケティングのコツを押さえれば、グーグルやSEOに頼らなくても、マーケターもセールスも成果を挙げられるようになる。

僕がこれまで一緒に仕事をしてきたベンチャーはいずれも、電話をかける有望な見込客情報が絶えず入ってくる環境だったから（この第1部を読み終える頃には、あなたの会社もそうなっているはず）、主な獲得チャネルがSEO頼みということは一度もなかった。SEOは受け身のリードジェネレーションで、リクエストに応えるだけだからだ。しかも現時点で、フェイスブックよりはるかに競争が激しいうえに費用もかかる。もちろん、グーグルで「下調べ段階で意思決定する瞬間」（ZMOT）に見つけてもらえるのは大いに意味がある。それでも受け身であることに変わりはない。よく検索しているユーザに基づいて予測されているからだ。SEOではなく、需要創出、ダイレクトレスポンスマーケティング、ソーシャルメディア広告こそが、これからのリードジェネレーションなのだ。

SEOがビジネスに多大な影響を与える可能性を否定しているわけじゃない。ただ、技術音痴には、難しそうで気が進まないだろうし、きちんと対策するなんてムリ、という感じじゃないだろうか。地域の一不動産業者がSEOをきっちりとやり、グーグルの変更に合わせてペンギンもパンダもアップデートしたりして、すべてを完璧にしたとしても、よく検索される重要キーワードでZillowやTruliaより上位に表示されるのは相当難しいだろう。

僕がブログを初めて立ち上げたときは、検索エンジンのことはまったく考えなかった。相手に喜ばれるだろうと思うことしか書かなかった。もちろん、戦略的キーワードを記事のそこかしこに散りばめはした。たとえば、「不動産業者にオススメのアイパッドアプリ」と題した記事を投稿して、フェイスブックやメールリストで告知すると、同じキーワードでグーグル検索の上位にすぐ表示された。想像してみてほしい。

ＳＥＯは、必要以上に考えすぎないように。このあと、フレームワークとして使える便利なチェックリストを紹介するけど、ごく基本に返って言うと、「決め手」は、とにかく良質なコンテンツをがんがん書き、わかりやすい見出しをつけ、最適化してメールやソーシャルメディアで告知し、場合によっては最後の微調整をしたら、あとはもう次へ進む、それだけだ。「わかりやすい見出し」とは要するに、検索結果ページ（ＳＥＲＰ）で上位に表示されたいなら、凝ったことばを使うな、ということ。先ほどのアイパッドアプリの記事で言えば、見出しを「この超新しいアイパッドアプリを使うともう手放せなくなるはず」とすることもできたわけだ。こんなふうにちょっと凝った見出しにすれば、もう少しシェア数を増やせていたかもしれない。でも、この見出しでずっと表示されていたとしても、「不動産業者にオススメのアイパッドアプリ」ほどには、グーグル検索経由で関心のある人がこの先何年も訪れることはないだろう。「究極のＳＥＯチェックリスト――投稿前に確認すべき25項目」〔4〕をクイック・スプラウト社が公表している。全リストに目を通す価値はあるけど、なかでも効果の点で「必ずやるべき」かつ実行しやすいものを選んで抜粋してみた。僕のやり方もコメントしている。

●下調べ　僕はグーグルトレンド、グーグルキーワードプランナー、ＳＥＭラッシュを利用して、どういうキーワードを主に使うべきかをすばやく見つけている。書こうと思う記事のアイデアが浮かんだら、即、調べている。アイパッドアプリの記事を書こうと思っているなら、こうしたツールのおかげで、「アプリケーション」とするか「アプリ」とするか、「アイパッド」でいくか「タブレット」でいくべきか、といったことが即決できる。

●クロスリンク　書いた記事はすべて、同じジャンルやカテゴリーのほかの記事とリンクするようにしている。サイト内リンクは、あるトピックに関する専門家である、とグーグルに見なしてもらえるから重要だ。たまたま書いたそのへんのだれかではない、ということ。関連性のある記事中にリンクを入れるようにするといい。つまり、ランク上位に表示させたいキーワード部分にほかの記事へのリンクを入れるのだ。

●見出し　グーグルには普通、見出し冒頭の55文字（訳注・半角英字で。日本語なら160字。現在は250字）が表示されるようになっている。見出しはH1タグで、URL構造の代表でもあるから、投稿する際にSEOでもっとも重要な部分だ。

●冒頭100ワード　ストーリーテリング（話のつかみ）次第でサイト滞在時間が延びることは第2章で説明した。できれば、その「ストーリー」にもキーワードを盛り込むようにしよう。グーグルの検索結果ページなら、冒頭100ワード前後もそのページや記事タイトルの下に表示される。

●サブ見出し　ここではH2やH3タグをしっかり活用する。Bufferによると「こうしたタグは、読者と検索エンジンの両者にとってコンテンツの重要度を表すもの。見出しにはH1タグ、サブ見出しにはH2やH3タグを使う。さらに、サブ見出しを太字にして目立たせる場合もある」。H2タグのいいところは、読者にも検索エンジンにも効果がある点。なかなかないことだ。見出しが「不動産業者にオススメのアイパッドアプリ」なら、サブ見出し、つまりH2タグを「いますぐダウンロードできる不動産業者向けのすばらしいモバイルアプリケーション」としてみる。これでグーグルには、「オススメ」「アイパッド」「アプリ」のキーワードのほかに、「すばらしい」「モバイル」「アプリ」「ダウンロード」も拾ってもらいやすくなる。同じ意味の別のことばを考えるといい。見出しをサブ見出しでも繰り返すだけでは、対人でも対検索エンジンでも、賢明なやり方ではない。

●関連ブログへの外部リンク　僕は自分が書いた記事に、外部サイトへのリンクも最低ひとつは入れるようにしている。こうすることで、こちらがどういうサイトか、ほかにどういうサイトが関連づけられているか、ほかにどんなキーワードがふさわしいかをグーグルに理解してもらいやすくなる。

せっかく訪れてくれた人をよそのサイトに飛ばすことになっても、心配は無用。ほかにも役立つ情報をたくさん提供することで、再訪者が増えるからだ。それに、内部リンクしかないページよりも、外部へのリンクがあるページのほうがグーグルに好まれる。

ここまでで、リードジェネレーションのためのサイトとランディングページ、どんぴしゃのブログ記事、リードジェネレーション・ソーシャルメディア・検索エンジンに合わせて最適化したコンテンツがそろった。来訪者の多くが「コンバージョンする」ことを確信して送り込む準備ができたわけだ。

第4章

フェイスブックを最大限に活用する

コンバージョンコードの重要要素のひとつが、ソーシャルメディアだ。僕はよく「フェイスブックとその他もろもろ」という言い方をしている。フェイスブックがネットのホームスクリーンになっているのだ。2015年8月、マーク・ザッカーバーグが、その日1日でフェイスブックが10億人に利用されたと発表した。これは、全世界の7人にひとりが同じ24時間に同じサイトにいたことを示している。

2015年7月にパースリー社が発表したところによると、ニュースサイトへのアクセス数でフェイスブックが初めてグーグルを抜いたそうだ。『フォーチュン』誌によると、「フェイスブックはクライアントに、400社を超える主要なニュースやメディア企業を抱えている。ワイアード、ジ・アトランティック、ロイター、デイリー・テレグラフといった、従来からのメディアから、マシャブル、ネクストウエブ、ビジネス・インサイダーといったデジタルオンリーのメディアまで含まれている[1]」。

フェイスブックに関するこうしたさまざまな驚異的データを見ると、これがまさにマルコム・グラッドウエルの言う「ティッピングポイント」かと思わされる。友人や家族の書き込みをチェックすることに夢中で、相手の顔（既知情報）よりフェイスブックを眺めている時間のほうが長いだけでなく、自分のネットワークが、それ以外の人や企業からのコンテンツをフィルタリングするようにもなっているからだ。これは、グーグル検索の結果よりも、高校時代の友人

グーグルとフェイスブックからのトラフィック比較

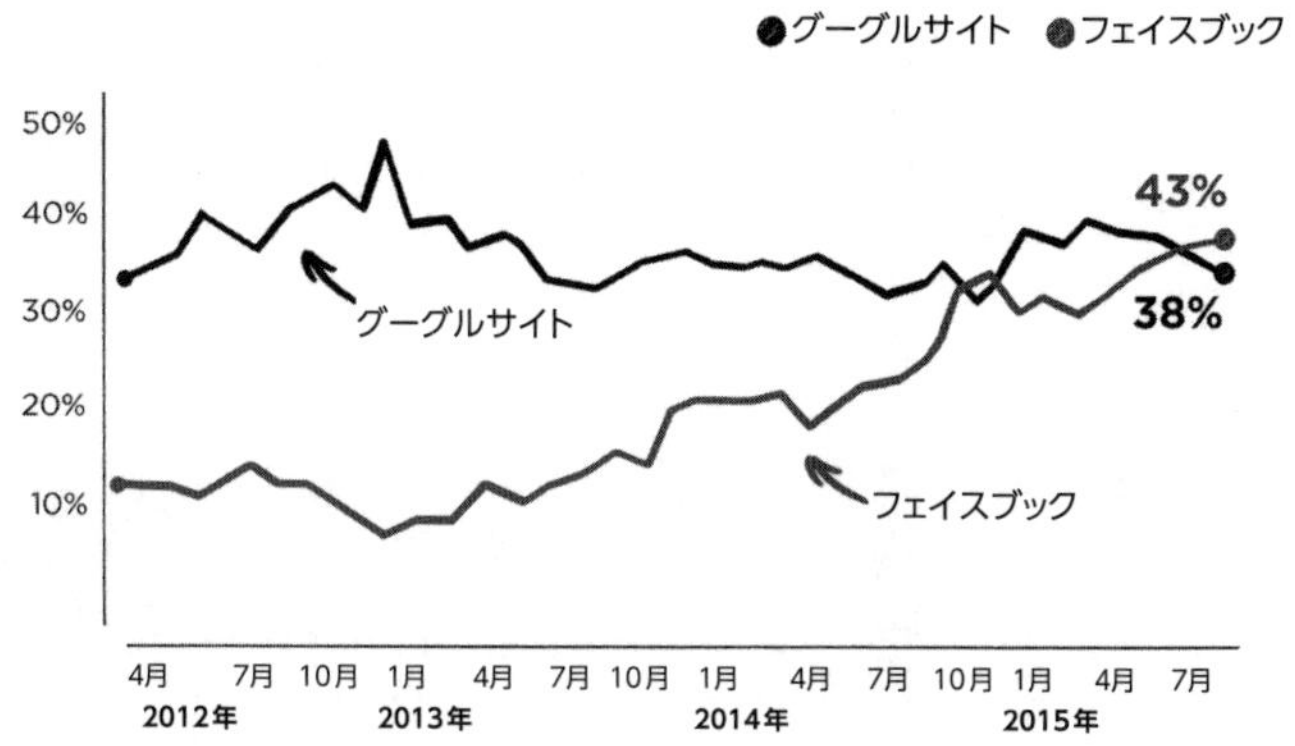

図 4.1　グーグルとフェイスブックからのトラフィックの比較

の言うほうを信じる、ということではない。自分のネットワーク内に面白いコンテンツがすでにあふれているから、わざわざ検索するまでもないのだ。だから、グーグルじゃなくてフェイスブックをまずチェックするのだ。僕も、信頼しているネットワークをまずチェックする。「フェイスブック検索」がいまの検索なのだ。そして、信頼と中毒ででき上がっているこの仕組みに、すばらしい広告を織り込むことができるのだ。

僕は6歳の娘から「フェイスブックで調べて」「インスタグラムに投稿して」とよく言われる。なにかを「ググって」とかサイトを「開いて」と言われたことは一度もない。グーグル、PPC、SEO、ほかのソーシャルネットワークも確かに重要。でも、一番重要なのはフェイスブックなのだ。

圧倒的な証拠がこれだけあるのに、はっきりした目的で有望な見込客を安定して創出するソースとして、まったく十分に活用されていない。どのくらい活用されていないかというと、2015年2月時点で、フェイスブックに広告を出しているのは200万社だけ。20億人の利用者に対して広告主が200万社だけなのだ。

広告を適切に配信させている企業に限ると、さらに少なくなるはずだ。そこで、この第4章では、この新たなネット（つまりフェイスブック）をどう活用すれば、来る日も来る日も見込客を獲得できるようになるかを説明する。そのためにいますぐ、費用をかけずに、フェイスブックでなにができるか、から始めよう。

幅広くリーチする投稿のコツ

フェイスブック広告を出したことがなくても、フェイスブックアカウントをつくったことがなくても、フェイスブックグループの管理人になったことがなくても（すべて、あとで説明する）、せめて、フェイスブックのプロフィールから見込客を獲得できるようにしよう。

モノを言うのは誠実さだ。フェイスブックの友達申請を承認するのは、つながりたいからであって、売り込まれたいからではない。信じる信じないは別として、自分の日常生活こそが、コンテンツやアップデートの第一のインスピレーション源なのだ。いましていることで面白そうなこととはなんだろうか。たとえば、あなたはいま、見込客のコンバージョンに関するすばらしい本を手にしている。だったら、この本を写真に撮り、「#成約のコード」とハッシュタグをつけていますぐシェアしてみよう。

フェイスブックを上手に使いこなしているマーケターは、日常生活で実際にあったことを、いいこともそうでないこともどんどんシェアしている。プロフィールをごまかしているようではダメだ。一貫性が重要なのだ。少なくとも、そこそこ面白いことを毎日アップするか、すっごく面白いことを週1でアップしたほうがいい。月に1度ひょいと現れて近況をシェアし、それで支持してもらおうとか、ビジネスにつなげようなんて期待するのは甘い。

まず、フェイスブックがニュースフィードに配信している内容とその理由を理解するところから始めなければならない。朝、目を覚ましてまずフェイスブックをチェックするとき、表示されている内容は偶然などではない。グーグルのあのページランク方式と同じで、フェイスブックにもエッジランクという、かなり複雑なアルゴリズムがあり、表示する内容、しない内容を決めているのだ。自分の更新内容を見てもらい、クリックしてもらうことで最終的に見込客に転じたいなら、その内容が相手に表示されなければ話にならない。利用者が日にする内容とその根拠に関するアルゴリズムは、プロフィールやページでシェアしている内容やどのくらいシェアしているにかなり等しく適用されているようだ。

フェイスブックのニュースフィードに表示される主な根拠を4つ挙げておく。

①これまでの投稿の人気はどうか 「いいね!」やコメントが多ければ、新しい投稿も優先的に扱ってもらえる。

②投稿を見た人たちからの人気はどうか 友人など、ごく限られたグループ内でどう受け止められているかのクイックテストだと思えばいい。こうした初期のインタラクション数に基づいて、ほかの利用者への表示頻度が変わってくる。

③特定の人からの人気はどうか フェイスブック上での1対1の関係は重要だ。投稿の平均人気度だけでなく、友達ひとりひとりからの人気度もミクロのレベルで見られている。

④各利用者はどんな記事を好んでいるか 僕の場合、リンクをクリックすることが多いから、僕のニュースフィードにはリンクや記事がどんどん表示される。チェックインや写真に「いいね!」することが多い人には、そうしたものがたくさん表示されるようになる。

以上をふまえて、幅広くリーチするためのアドバイスをしよう。すごく面白い記事を投稿する、それから、投稿内容に変化をつけるのだ。閲覧するときの癖や傾向はセグメントによってさまざまだから、投稿も、ときに写真入り、ときに動画入り、ときにはリンク入り、と変化をつけたほうがいい。自分の好みがリンクや動画であっても、相手のフィードに表示されるためには、その人の好みも重要だ。要するに、投稿は、面白く、一貫性があり、多様性のあるものに、ってこと。

シェアする価値のあるコンテンツを見つけるには

公私以外にも、フェイスブックで「シェアする価値のある」ものを見つけるすばらしい方法がいくつかある。変に思われるかもしれないけど、僕がフェイスブックでシェアするものを一番よく見つけるのは、ツイッターだ。手間でも、ジャーナリスト、各種メディア、ブロガーなどのツイッターリストをつくっておけば、その甲斐《かい》が日々実感できるはず。リスト作成にちょっと時間がかかるかもしれないけど、一度つくってしてしまえば、フェイスブックの友達がまだ知らないようなことを、1日中、毎日チェックできるようになる。ツイッターはフェイスブックより流れがずっと速いから、ツイッターの「速報」をフェイスブックに転送すれば、だれよりも先にシェアできる場合も多い。

ツイッターを利用していなくても、僕のしていることは、朝起きたら気に入った記事に目を通し、同じように気に入ってくれそうな人たちとシェアするのと変わらない。朝刊やお気に入りのブログでもいいわけで、ツイッターリストに限らない。肝心なのは、コンテンツはすでに日々入ってきているということ。今度はそのシェアも始めるのだ。

ほかにも、プロフィールでシェアできる面白いネタ探しに便利なのが、BuzzSumo、Upworthy、ViralNovaだ。つまり、コンテンツを自分で生み出さなくても、フェイスブックをうまく活用できるってこと。キュレーションも効果がある。重要なのは一貫性だ。とても魅力的で面白いネタをキュレートした記事を8～9本投稿しておいてから、自分でつくった記事を1本投稿すれば、キュレートした投稿のおかげで、オリジナル記事を目にする人も増えるようになる。

投稿のインパクトが最大限になるタイミングと頻度

シェアするコンテンツを多様化させる以外にも、シェアするタイミングと頻度もまた、リーチやエンゲージメント数といったメトリクスに大きなインパクトを与えうる。Set Up a Blog Todayが発表したインフォグラフィック「The Science of Posting on Social Media」（ソーシャルメディア投稿の科学）が、主なソーシャルネットワークそれぞれの最適な頻度とタイミングを表している[2]。フェイスブックで「最適」とされたのは以下のとおり。最適をカギかっこつきにしたのは、万人共通の真理など存在しないからだ。あなたの商品をいますぐにでも購入する可能性が一番高い人は、朝3時にフェイスブックをチェックし、動画のある投稿しかクリックしないかもしれない。現実とはそういうものだ。そうした例外があったとしても、次のアドバイスは的を射ている。

- 投稿頻度は、週1では足りなく、1日2回以上だとちょっとうるさい（ソーシャルベーカーズ社、2011年の調査より）。
- 投稿をクリックスルーしてもらうのに最適な時間帯は午後1～4時（なるほど、ある程度仕事も片づき、昼食もとったあとだから、フェイスブックをじっくりチェックできるわけだ）。水曜の午後3時（週半ばを越えた頃）が、曜日、時間帯ともに最強の組み合わせ。
- クリックスルーに最悪の投稿タイミングは、週末の午前8時前と、午後8時以降。

ソーシャルメディアと言っても、チェックの仕方は通常のメディアとそう変わらない。フェイスブックにも「朝型人間」（ニュースはたいてい朝チェックするタイプ）もいれば、「夜型人間」

（ニュースはたいてい夜チェックするタイプ）もいる。

僕が見つけた、投稿のピークタイムを割り出すちょっと科学的な方法のひとつに、ライブチャットが利用可能な友達の数に注目する、というのがある。最多と最少の曜日と時間帯をメモしておく。自分のネットワーク内のほとんどの人が更新を目にすることになる、確実な指標になるはずだ。

「クリス、どうもありがとう、助かります」

フェイスブック（およびソーシャルメディア全般）でやりとりするときに相手の名前を入れるとすごく効果的なのに、実践している人はあまりいない。相手の名前で呼びかけると、個人的つき合い、という感じになりやすい。ちょっとしたことかもしれないけど、それも重要要素のひとつ。ちょっとしたことの積み重ねが大きなものにつながるのだ。

人に話しかけるときは、ほぼどんな場面でも名前を呼びかけるのに、ソーシャルメディアではなぜかそうしていない。手紙でもメールでも電話でも、相手の名前を使うのに、フェイスブックのコメントに相手の名前を入れることはめったにない。「休暇をお楽しみのようですね、スティーブ！」を「みなさん休暇をお楽しみのようですね！」と比べてみれば、違いは一目瞭然だ。

ほかにも、コメントはちゃんと読み、関心があることを相手に示すちょっとしたこととして、僕の投稿へのコメントそれぞれに、「いいね!」かなんらかのコメントを返すようにしている。よく考えて詳しいコメントを残してくれた人には、同じ調子で返すし、短いコメントには、少なくとも「いいね!」をして、読んだことを知らせるようにしている。フェイスブックはテニスのようなもの。ひとりでプレーしたってつまらない。

略語なんてクソくらえ

誕生日にわざわざ、HBD(Happy birthdayの略)とウォールに書き込まれたことはないだろうか。こりゃまたどうも。僕のために3文字も使ってくれるなんて……。これを見た僕の頭に別の3文字が浮かぶ。WTF(What's the fuckの略。なんだよこれ)だ。フェイスブックは人のウォールに簡単に書き込みができるけど、別の視点から考える必要がある。大勢の人がまったく同じことをしている可能性があるわけだ。僕は、フェイスブックで今日がだれかの誕生日だとわかったら、手書き風メッセージを送っている(よく使うのはBond.co)。自分のリインの下に携帯電話番号とメールアドレスも必ず入れる。最近では、受けとった相手から感謝のメッセージがすぐ届くようになってきている。僕が送ったカードの画像を投稿する人もいるほどだ。

コメント数をいますぐ増やす

いまから魔法の技をひとつお見せしよう。

いまここでフェイスブックのステータスを更新し、「これまで住んだことのある州はいくつ？」と友達に尋ねてみよう。

この章を読み終える頃には、いままでのどの投稿よりもコメントが多くついている可能性が高い。「いいね！」の数じゃなくて、コメントの数だ。フェイスブックが次に表示する内容を決めるうえではるかに重要なのは、コメント数だ。こうした投稿は、僕が「ソーシャル向き」と呼んでいる類のもの。だれでも即、ボタンふたつで答えられる（答えと投稿の2操作）。

ソーシャルメディアで「なぜ」と問いかけると、相手は考え込んでしまうかもしれない。短気で、注意が8秒しか持続しない世の中で、ほとんどの人の思考力を超えてしまう。いつ、だれが、いくつといった具体的な質問なら、ぐっと少ない思考力で答えられる。すばらしいことに、簡単で答えやすい質問をすることで、自分のネットワークについて興味深いことがわかってくるのだ。

Zillowは、これをフェイスブックのビジネスページで非常にうまく活用している。「Taste

「Test Tuesday」（火曜日お好みアンケート）と題した記事を毎週アップし、ひとつの画像に2軒の住宅を並べて見せている。どちらも価格は同じ。購入するとしたらどちらの家？　と尋ねるだけで、数え切れないほどのコメントがどんどん入ってくるのだ。

Aか Bか、「はい」か「いいえ」か、いくつか。簡単に答えられる質問だ。フェイスブックで効果的な行動喚起は、すでにある相手のエコシステムに調和するものだ。

「3-3テクニック」を積み重ねる

しっかりしたつながりを確立しつつ、スケーラブルなものにするには、毎日（せめて月～金のあいだ）時間を制限する必要がある。僕が「3-3テクニック」と呼んでいるこの手法は、ビジネスにとってゲームチェンジャーとなりうる。この手法でメッセージを送るタイミングは、ステータス更新のタイミングほど気にしなくていい。とはいえ、先に言っておくけど、相手がログイン中のときのほうが、ずっと効果がある。相手がログイン中かどうかを知る一番簡単な方法は、チャットツールを確認することだ。

「3-3テクニック」とはなにか。前にも説明したように、ただ読んでいるだけじゃダメなのだ。というわけで、積極的な態度となんらかの計画を用意したうえでログインする。次の2点を必ず実行するのが「3－3テクニック」だ。

①毎日3人のウォールに書き込みをする　ほとんどの人はフェイスブックを「1対多」のツールとして利用しているだけだけど、僕は「1対1」のツールとして利用している（それでも大勢の目に触れるのがありがたい）。相手のウォールに書き込みをすると、その人にすぐ通知がいく。こちらのステータスを更新するだけでは通知されない。相手は自分の同僚、同級生、友人、家族などだから、毎日3人に「ちょっと顔出し」して喜ばせるのはそんなに難しくないはず。僕はよく、喜ばれそうな記事へのリンクを貼っておいたり、こんなふうにちょっとした挨拶をしたりしている。「変わりないですか。近いうちに近況報告し合いましょう！」。いますぐ試してみてほしい。その日のうちになんらかのやりとりにつながるはずだ。

②毎日3人とプライベートチャットをする　ここでもまた、ステータス更新だけでは不十分。みんながまず開いて読むのはフェイスブックメッセージで、メールを見るよりずっとすばやい。フェイスブックの受信箱を使わないのはもったいない。僕はプライベートメッセージをほんの少しだけ（スパムにならない程度に）ビジネス寄りの内容にしている。「こんにちは。いま、仕事でちょっとしたプロジェクトに取り組んでいるんですけど、お知恵を拝借

できませんか?」といった具合。こうしたメッセージをきっかけに電話で話をするわけだ!

1年間の平日は約260日。この「3-3テクニック」を使えば、平日1日あたりたった6人のリーチでも、1年間で1560人に「1対1」のメッセージを送ったことになる! このことが、ネットワーク拡大、リードジェネレーション、紹介者獲得、フェイスブック攻略にとってどれほど重要かは言い尽くせないほどだ。

相手の近況を把握する

プロフィール活用を超えたすばらしい戦略のひとつが「アレックス・ワン作戦」だ。アレックスはカリフォルニア州パロ・アルトで不動産業に従事している。同業者やネットワーク仲間が休暇中、旅先の写真をたくさん投稿したりアルバムを作成したりしてシェアしていることに目をつけたアレックスは、その相手にちょっと特別なことをしてあげている。相手の休暇がより思い出深いものとなるように、なにかしてあげられることはないだろうか。「こんにちは! 仕事でご一緒してから1年ほどになりますが、お変わりありませんか?」なんて書いて送るんじゃなく、宿泊先にワインを届ける(ワインが好きな相手の場合)、滞在先で一番評判のいいレストランをイェルプで検索し、ディナー券を贈る、なんてどうだろう。つまり、ポール・グレアム（Y Combinator創業者）が言っている（そしてアレックス・ワンが実行している）ように「スケールしないことをしよう」。

以前の投稿に手を入れる

だれかの投稿にコメントしたら、ほかの人たちのコメント通知がバンバン入ってきた、という経験があるはずだ。この通知機能をこちらの有利になるように使いこなせば、かなり効果がある。エンゲージメントを即座に引き出す方法としていますぐにできるのが、以前人気のあった投稿に「手を入れる」、つまり、コメントを新たに加えるわけだ。「このすばらしいコメントの数々を今日読み返していて、うれしくなりました」といった具合に。こうすると、その元の投稿に「いいね！」やコメントをしてくれた人にすぐに通知がいく。何年前もの投稿でも大丈夫のようだ。エンゲージメントの高かった過去の投稿を表示してくれる「過去のこの日」機能を使えば簡単。

人気の高かった投稿に関連した内容を、あとでブログに書くのもうまい手だ。ブログ記事をアップしてから、スレッドに戻ってこう書き込むのだ。「みなさんのおかげで、この件をさらに掘り下げてみました。記事をアップしたところですので、ぜひチェックしてみてください（リンク先）」。

とにかくコメントを残す

自分はステータスを毎日更新しなくても、自分のネットワークは日々更新されている。エッジランクを高め、存在感を増す一番いい方法は、とにかくコメントすることだ。1日25人の投稿にコメントしよう。僕は「MVC」（最重要取引先）というリストをつくっている。対象者全員をひとつのリストにまとめることで、その人たちがどんなことをシェアしているかがわかるから、よりすばやいコメントがしやすくなる。自分にとってのMVCをどう見きわめればいいか。フェイスブックつながりのなかで、仕事上の重要度が高い上位25%はだれか、自問してみるといい。その人たちをリストに入れて、とにかくひたすらチェックする。ただ読んでるだけじゃダメ！　コメントを残す。コメント命だ。自分のステータス更新の10倍、100倍の頻度でほかの人の投稿にコメントすべきなのだ。

また、メール通知機能やデフォルトの機能があるから、コメントは（どのソーシャルメディアプラットフォームでも）「いいね！」だけより相手に通知される可能性が高い。

フェイスブックグループ

フェイスブックのツールのなかで利用頻度が一番低いのが、フェイスブックグループだろう。僕は、メンバー数が2万人を超える2つのグループの管理人を何年も務めている。そのおかげで、アクセス数、見込客、売上が常に伸びている。プロフィールやページだけじゃなく、もっとほかにも目を向けて大局的に考えるのだ（具体的にはあとで説明する）。また、フェイスブックグループは、ブランド中心ではなく、なんらかのアイデアを中心とするものでなければならない。

僕たちのグループは「Tech Support Group for Real Estate Agents」（不動産業者専門のテクニカルサポート）と「What Should I Spend My Money On?」（どこに投資すべきか）だ。どちらもうちのビジネスに関連はしているけど、「クリス・スミスまたはキュレーター社ファンクラブ」みたいなものにはあえてしないようにした。誤解されると困るけど、有料顧客限定の秘密のグループももちろんある。僕たちの場合、メンバーの多いこうしたグループを、アクセス数、見込客、売上の獲得に役立てているけど、企業の多くは、カスタマーサポートやサービスにしか利用していない。

フェイスブックグループを立ち上げる前にまず、次のように自問することをぜひお勧めしたい。そのグループは、いまから5年後にも存在意義があり、毎朝起きたらすぐに投稿したくなるものだろうか。僕たちは、いまから5年後も不動産業者はテクニカルサポートを必要としているだろうし、どこに投資すべきか思案しているはず、と考えた。僕たち自身も、テクノロジーで人の役に立ちたい気持ちは変わらないと思った。だからこうしたグループを立ち上げたのだ。

活発なグループにするには、地域のソーシャルネットワークをnextdoor.comでチェックするのもひとつ。地元レベルのつながり、つまり、ある特定のコミュニティにフォーカスされているのだ。あなたの会社もそのニッチさで、このnextdoorの一員になるべきだ。そんなとき、フェイスブックグループが、一軒ずつまわってちらしやDMを配りながら勧誘する代わりになるわけだ。全国展開している企業なら、僕たちのように、「困ったらまずはここ」と頼りにされるグループにすればいい。売上はあとからついてくる。ゲイリー・ヴェイナチャックは「ザ・サンキュー・エコノミー」と呼んでいる（訳注・このことばがタイトルになっている書籍の邦題は『ザ・サンキュー・マーケティング』）。「ありがとう」と言ってもらえるきっかけをつくればつくるほど、投稿をシェアしてもらえる可能性が高まるし、将来的には購入や、人の紹介にまでつながる可能性もある。

グループで投稿するのは自分ひとりだけ、というわけにはいかないけど、すぐに活発になることも期待できない。協力してくれそうな人を早い段階で探しておこう。協力者が多いほど、そのグループは草の根式に広がっていく。また、しっかりした管理者とガイドラインで、スパムや(他者を介しての)自己宣伝ばかりになるのを防ぐ必要もある。うまくいけば、一種の培養細胞だ。しかも自分より大きくなるのだから、大事に育てよう。僕たちは、ヘッダーイメージをカスタマイズして、グループの目的、ルール、運営について記している。こうしたちょっとしたことが、大きな成長につながりうるのだ。フェイスブックグループを活発化させるためにできるちょっとしたことは山ほどある。グループのURL変更もそのひとつ(そのグループのメールアドレスを変更すればできる)。いっそのこと、フェイスブック以外のURLを購入し、そのURLからグループページへ転送させるのも手だ。メールでも名刺でも、口頭で伝えるにしても、「WarrenGroup.com」のほうが、「facebook.com/group/7472548」より断然いい。

ちょっとアドバイス。マーケティングでフェイスブックのURLを使用するときは、単にFB.comでかまわない。いまここで「FB.com/CuraytorChris」をチェックしてみれば、僕のページが表示されるのが確認できるはずだ(「いいね!」するなり、いま読んだよってウォールに書き込むなりどうぞご自由に)。「Facebook」とスペルアウトしてグループ名を入れたURLは長すぎて、印刷やレイアウト上煩わしい場合がある。

グループは、公開、非公開、秘密のどれにするかを決めなければならない。違いは見てのとおり。公開グループは、参加しなくても見つけて読むことができる。非公開グループは参加しないと読めない。秘密のグループは見つけることすらできない。公開グループは拡大するのが一番速い代わりに、スパムも一番多いし、本当に「なんでも話せる」環境にはほど遠い。非公開グループならより率直なやりとりができるけど、なかなか拡大しない。メンバー以外の人に読んでもらうことができないからだ。秘密のグループは、僕の場合はごくごく内輪のものにしている。キュレーター社のクライアント限定のものがそうで、ここでは専門的な話しかしていない。

グループに参加してもらう人をどうやって探すか。フェイスブック検索で、自分の友達がすでに参加している活発な人気グループをいくつか見つけて、同じような関心を持っているグループに絞り込めばいい。「マーク・ザッカーバーグが参加しているグループは?」で検索することだってできる。そうやって探しているあいだに、自分がしようと思っていることをすでにやっているグループがあれば、そこに参加すればいいのだ! そこで存在感を発揮すればいい。なにも自分でグループを立ち上げなくてもかまわない。僕のグループにも、常にだれかの助けになることで、取引につなげたり紹介してもらったりするようになる人が数え切れないほどいる。

フェイスブックグループを自分で立ち上げるにしても、すでにあるグループに参加して貢献するにしても、自分の強い興味や目的を中心としたグループのメンバーになるべきだ。そうすれば関わりを長く保ち続けられる。

フェイスブックページ

ビジネスオーナーからの質問で一番多いのが、フェイスブックで仕事をどんどん呼び込むのに最適なのは、プロフィール？ それともフェイスブックページ？ というもの。答えは両方だ。どちらもちゃんと活用すれば効果は絶大。やりとりがアポや紹介に、アポや紹介が売上につながる。つまり、コンバージョンにつなげるのはやりとりなのだ。フェイスブックは、そのやりとりにつながるものだ。

コンバージョンコードを読み解くためにフェイスブックページを絶対に持つべき第1の理由は、これがなければフェイスブック広告が打てないから。あとで説明するフェイスブック広告ファネルの設定は、コンバージョンコードでは任意ではなく、必須だ。

フェイスブックページのデザインはないがしろにされがちだ。せっかくだから見栄えよくしよう。フェイスブックページのプロフィール写真は掲載する広告にも表示されるから、よく考えたうえで選ぼう。カバー画像はぐっと目を引くものにし、定期的に更新する。基本情報はすべてもらさず記入する。フェイスブックページは自社サイトのバックアップだと思えばいい。この設定と最適化の段階であらゆる細部に気を配ること。先ほどプロフィールのところで説明したベストプラクティスのほとんどが、フェイスブックページにも当てはまる。ただし、「ファン」と「友達」とでは好みが異なるかもしれない。

SumoRank、Likealyzer、フェイスブックインサイト、といったツールを使えば、フェイスブックページのパフォーマンスはもちろん、改善点、競合ページより上位にランクづけする方法などがすぐに確認できる。こうしたツールは、自分のだけでなく、どのフェイスブックページにも使えるところが気に入っている。競合ページが効果を挙げている施策が見えるのだからすごい。

フェイスブックページを始める際に強くお勧めしているのが、フェイスブックインサイトがすごく役立つから学ぶこと。僕がこのツールを活用している主な理由がふたつある。ひとつには、Pages to Watch機能を使い、競合ページはもちろん、やり方がうまいと思うほかのページのパフォーマンスを見て、自分たちと比較するため。この機能はすぐ設定できるし、一度設定してしまえば、図4・2のようなものがいつでも確認できるようになる。

もうひとつの理由は、一番効果のあった投稿を知るためだ。コンバージョンコードが目指しているのは、個人情報を入手できるところへトラフィックを送り込むこと。そのことを念頭に、クリック数が一番多かった投稿を探すことが多い。過去の投稿はすべて、リーチやエンゲージメントでソートできる（図4・3）。

ほかにも、効果のあった投稿ごとにデータを細かく調べて、どんな要素が効果につながったのかを確認するようにしている。クリック数最多の投稿が特定できるようになれば、そうしたものをもっと投稿するといい。

フェイスブックインサイトなら、広告の有無に関係なく、全投稿のデータが確認でき、詳しい分析を見ることができる（図4・4）。

フェイスブック広告

ここ7年で僕が関わってきたフェイスブック広告費の総額は数百万ドル規模になる。この経験からふたつのことが言える。①株式公開した企業はフェイスブック広告の効果が上がる。②フェイスブックはユーザー重視だから、関連性でも効果面でも一番いい方法でターゲットにリーチできるよう、さまざまな方法を考え出してくれる。

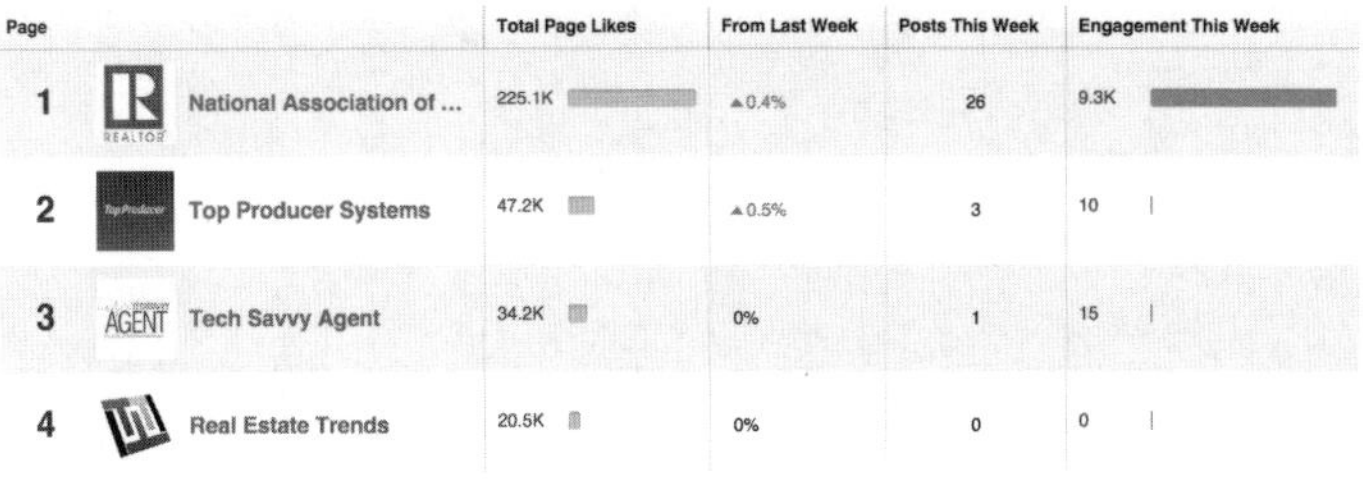
Page
Total Page Likes
From Last Week
Posts This Week
Engagement This Week
1 National Association of ... 225.1K ▲0.4% 26 9.3K
2 Top Producer Systems 47.2K ▲0.5% 3 10
3 Tech Savvy Agent 34.2K 0% 1 15
4 Real Estate Trends 20.5K 0% 0 0

図 4.2　Pages to Watch 機能で競合比較

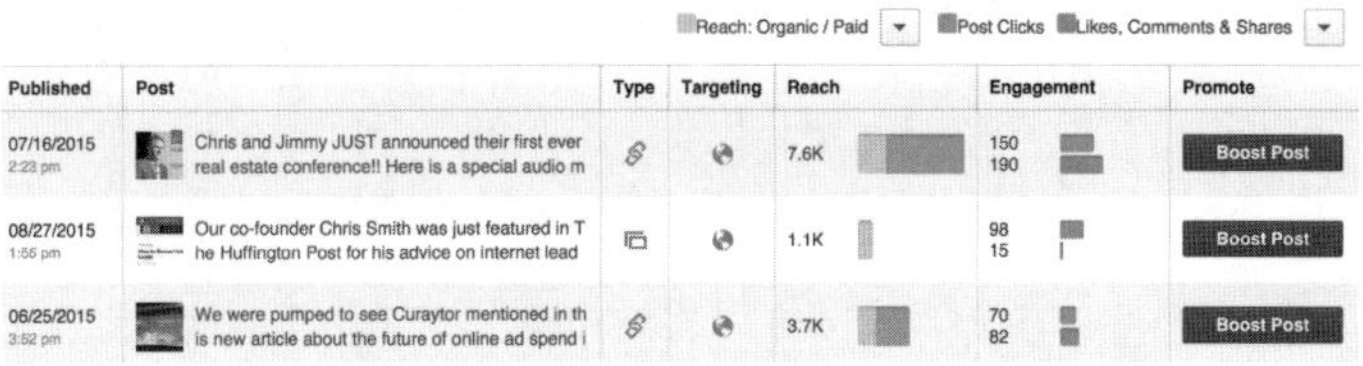
Reach: Organic / Paid
Post Clicks
Likes, Comments & Shares
Published
Post
Type
Targeting
Reach
Engagement
Promote
07/16/2015 2:23 pm
Chris and Jimmy JUST announced their first ever real estate conference!! Here is a special audio m
7.6K
150 190
Boost Post
08/27/2015 1:55 pm
Our co-founder Chris Smith was just featured in The Huffington Post for his advice on internet lead
1.1K
98 15
Boost Post
06/25/2015 3:52 pm
We were pumped to see Curaytor mentioned in this new article about the future of online ad spend i
3.7K
70 82
Boost Post

図 4.3　過去の投稿を各種メトリクスでソート

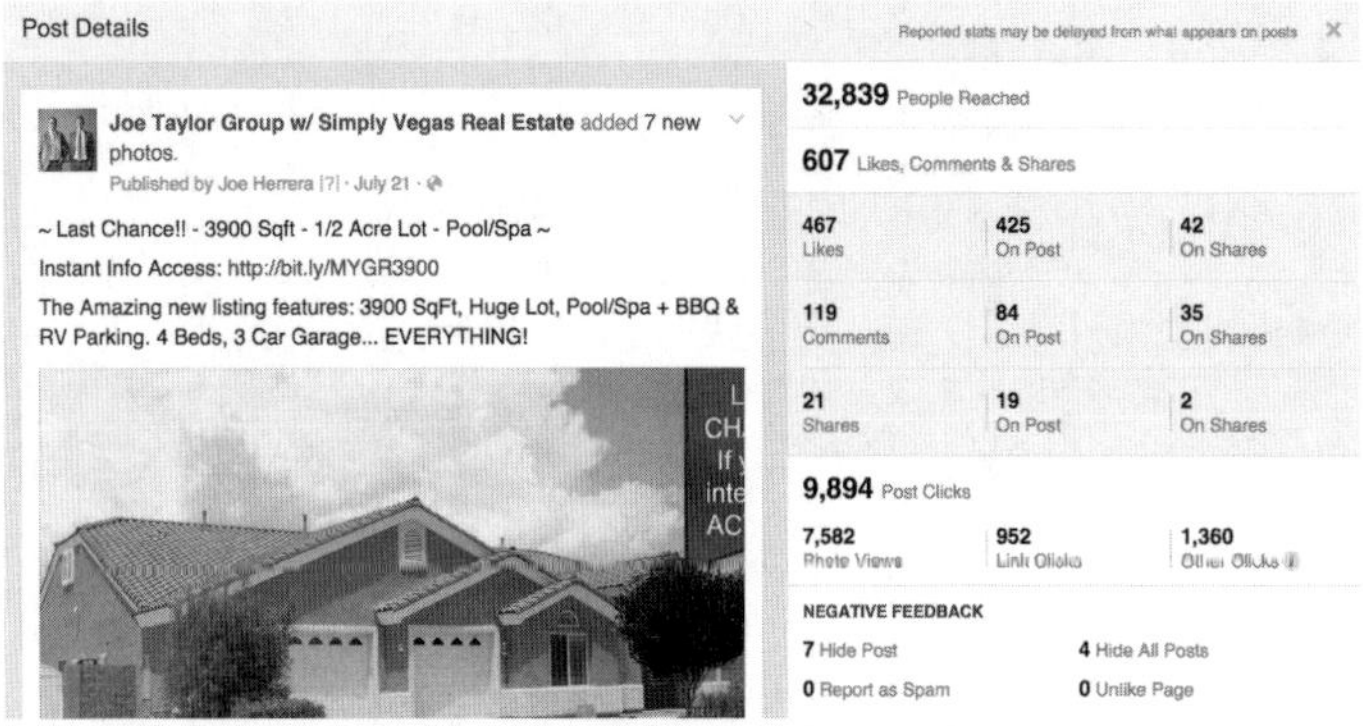
Post Details
Reported stats may be delayed from what appears on posts
Joe Taylor Group w/ Simply Vegas Real Estate added 7 new photos.
Published by Joe Herrera · July 21
~ Last Chance!! - 3900 Sqft - 1/2 Acre Lot - Pool/Spa ~
Instant Info Access: http://bit.ly/MYGR3900
The Amazing new listing features: 3900 SqFt, Huge Lot, Pool/Spa + BBQ & RV Parking. 4 Beds, 3 Car Garage... EVERYTHING!
32,839 People Reached
607 Likes, Comments & Shares
467 Likes
425 On Post
42 On Shares
119 Comments
84 On Post
35 On Shares
21 Shares
19 On Post
2 On Shares
9,894 Post Clicks
7,582 Photo Views
952 Link Clicks
1,360 Other Clicks
NEGATIVE FEEDBACK
7 Hide Post
4 Hide All Posts
0 Report as Spam
0 Unlike Page

図 4.4　投稿の各種データ

フェイスブック広告は効果絶大だから、ちゃんとしたビジネスを儲かるビジネスに、儲かるビジネスを超儲かるビジネスにたちまち変える力がある。テクノロジーが加速してくれるのだ。フェイスブック広告を活用し始めたときの僕は、ムーブ社の自分のチャネルですでに売上トップだったから、見込客も売上もそれ以上必要なかった。でも、僕が売上トップだったのはあくまでもオフラインの話。そこで、僕の知っていることをオンラインに移し替えて、フェイスブックページ、フェイスブック広告、ワードプレスブログ、ユーチューブチャンネルを始めてみると、地元のオフラインのオーディエンスと同じように、ウェブ上の新たなオーディエンスにも、僕が伝えたいことを気に入ってもらえたのだ。

この本を読み終えて、実行するのがフェイスブック広告ファネルの立ち上げだけだとしても、営業に常に渡せるだけのリードジェネレーションをおこない続け、売上アップにつながるはずだ。フェイスブックこそ新たなインターネットなのだ。ネット施策を補う程度の気持ちでフェイスブック広告を始めてはいけない。トラフィック、見込客、そして売上につながる一番のチャネルになるはず、という考えで始めること。それ以下はすべてユーザーエラーだ。具体的なやり方を示しているのだから。

フェイスブック広告にもできないことがある。ダメなビジネスをよくすることはできない。すでに定評があるビジネスなら、一晩で売上が3倍、なんてこともおそらくムリ。つまり、目標は大きく、ただし現実的にということ。フェイスブック広告が成約までしてくれるわけじゃないからだ。フェイスブック広告にできるのは、有望な見込客を絶えずもたらしてくれるところまで。ボールをティーに乗せてくれるだけ。ティーショットを打つのはゴルファー（つまり営業）の腕次第。だからこそ、見込客に電話をかけて契約してもらう方法に第3章を割いているのだ。マーク・ザッカーバーグはそこまではしてくれない！

ファネルを満たすのに必要な戦略や作戦を説明する前に、グーグル広告とフェイスブック広告の違いを理解しておこう。

グーグルは需要を満たすことに注力している。ユーザーがある特定のことばを打ち込んだ瞬間に、こちらの広告を表示してくれる。確かにこれはわかりやすいし、うまく活用すれば、リードジェネレーションのチャネルとして効果があることは証明されている。でも、このコンバージョンコードでは、グーグル広告よりもフェイスブック広告を頼りにしている。その理由はいたって簡単だ。

需要は満たすより生み出すほうが効果が大きい

規模、滞在時間、エンゲージメントを十分に備えたサイトがグーグル以外で初めて登場し、グーグル検索すらしなくても、理想的な顧客の目の前に広告表示できるようになっている。

グーグルトレンドをちょっと調べて、あるフレーズの検索トラフィックを見たとしよう。たとえば「7月4日　花火」なら、7月1日、2日、3日にトラフィックが急増しているのを見ても特に驚かないはず。だったらフェイスブックで、6月29日と30日にみんなのニュースフィードに広告が表示されるようにしたらどうだろうか。このアメリカ独立記念日の花火情報をブログに載せて、そこへのリンクを貼ったメッセージ入り広告を出すのだ。

これのいい点は、もう従来の広告媒体を買わなくても需要を生み出せること。つまり、どんなビジネスでも正々堂々と勝負できるのだ。よくない点は、フェイスブック広告には、SEM、リスティング広告やクリック報酬型広告よりも、はるかにクリエイティブかつ戦略が必要とされることだ。これはもっぱら、フェイスブック広告が見た目を重視しているためだ。グーグルPPCなら、検索ワード、コピー、クリック先をきちんと押さえることが重要となる。もちろん、フェイスブック広告でも、うまいコピーや最適化したランディングページが重要となるけど、一番大きな違いは、フェイスブック広告のほうがはるかにイメージ重視である点だ。もちろん、グーグルのディスプレイネットワークを利用してネットのそこかしこにバナー広告を表示させることはできる。でも、フェイスブックのニュースフィードに表示される広告はデザインの点ではるかに「純正」だし、ターゲットと配置の関連性もきちんとしている。

広告予算はでかくないけど、野心はでかい？　だったら、フェイスブック広告という安価な白地のキャンバスに絵を描こう。フェイスブック広告なら、ビール予算でシャンパン効果が得られる。やたら費用がかかる従来の広告を経験したことがあるならなおさらだ。

アメリカの不動産業者や弁護士は長年、自分たちを実際よりビッグに見せようとしてきた。その手法としてよく利用されたのが、巨大屋外看板やバス停のベンチ広告だ。いまや、フェイスブック広告がそうした看板の定番なのだ。しかもすばらしいことに、その看板を目にするのは、ターゲットとして最適な人たちだけ。どのドライバーの目にも入る道路沿いの屋外看板とはわけが違う。その広告を見てもらうためにお金を払う必要すらない。こちらが最適ターゲットと定めた人がその広告をクリックした場合のみ払えばいいのだ。

ではこれから、効果的なフェイスブック広告のポイント、どのビジネスでも打つべきフェイスブック広告3タイプ、理想の顧客をターゲットにする方法を説明しよう。

効果的なフェイスブック広告を打つポイント

フェイスブック広告のタイプやターゲット、パワーエディタかアドマネージャーか、表示回数を増やすのか、といった手法に関係なく、どのフェイスブック広告にも非常に重要なポイントがいくつかある。

画像がすべて

フェイスブック広告に画像しかなかったらどんなふうに見えるだろうか。スマートフォンでニュースフィードをスクロールしているとき、文字を見ているだろうか。画像がすばやく目に入るのとは比べものにならないはずだ。フェイスブック広告は、まず圧倒的に魅力のある画像を見せて、文字はそのあとからだ。フェイスブック広告は、そこで使う画像がそのまま広告になる、と考えて制作しよう。

画像または、白か鮮やかな色づかいのカスタムデザインの広告は、パフォーマンスが高い。色づかいや画像が鮮やかなほど、パフォーマンスも上がる。暗くてさえない画像は、鮮やかで大胆な画像と比べて、クリックスルー率がガタ落ちになる。キュレーター社の社内データを分析していて気づいたことがある。プロのカメラマンに撮ってもらった住宅の写真を使った広告は、アマチュア写真や携帯電話で撮った写真の広告よりも、クリックスルー率が3倍も高かったのだ。

「画像がすべて」なのに、みんなが忘れている画像もある。フェイスブックのプロフィール写真は、こちらの広告のほぼすべてに表示される。ニュースフィードで見栄えするものにしておこう。ロゴをそのままプロフィール写真に入れておけばいいってもんじゃない。ロゴの「アイコン」版が必要だ。モバイルアプリにするとしたらどんなアイコンにするだろうか。キュレーター社の場合、頭文字の「C」だけにして、どのソーシャルメディアのプロフィールにも入れている。

画像に乗せる「エキストラ」と文字

画像が決まったら、そこに文字や「エキストラ」を加えていく。「エキストラ」とは、縁取り、リボン、ボタン、矢印、ロゴなどのこと。これも色鮮やかなものにしよう。ゴールド、グリーン、赤、オレンジ、空色、紫などが、フェイスブックの白いインターフェースに乗せるとすごく目立ちやすい。僕はPicmonkeyで、画像に追加、上書き、文字をささっと入れている。

文字に関してはちょっと厄介なことがある。画像上の文字は20%までに抑えなくてはいけないのだ。このルールが悩みの種となる場合もあるけど、フェイスブックがなぜそういうルールにしているかは理解できる。こうしないと、みんなが自分の名刺や自社サイトのスクリーンショットを広告代わりにしてしまうからだ。あるいは、「いますぐお買い求めください」「特売」といった文字を画像にでかでかと入れられてしまうと、たちまちスパムみたいになって、ユーザー体験がひどく損なわれてしまう。伝えたいメッセージをすべて文字に押し込むのではなく、文字は画像とエキストラを補う程度にするよう、このルールで仕向けているわけだ。フェイスブックには便利なツールも用意されていて、投稿前に文字と画像の比率が確認できるようになっている。

驚くなかれ、いま僕が説明したことはすべて、相手に注目してもらって、広告コピーを読んでもらうためにほかならないのだ。

巧みなコピー

みんながみんなコピーを読んでくれるとは限らない（見事な画像があれば、読まずにクリックする人も多い）けど、一番買ってくれそうな人は一字一句読む可能性が高い。フェイスブック広告のコピーに5分もかけていないようでは、プロのマーケターとは言えない。もちろん、フェイスブック広告の出稿は簡単だ。でも、待てば海路《かいろ》の日和《ひより》あり。「よく考えてから話すように」とよく父から言われたものだけど、フェイスブック広告にも同じことが言える。広告をターゲットの目の前に表示させてクリックしてもらうまでに多大な費用がかかってしまうとしたら、伝えたいメッセージをしっかり練る時間をとろうと思うはずだ。

僕は何時間もかけてフェイスブック広告のコピーを仲間と話し合う。書いたものをだれかにチェックしてもらう、抜けや誤字がないかダブルチェックする、余分なアキがないか確認する、といったことも必要だ。内容もとことん推敲《すいこう》する。真剣な見込客なら必ず読んでくれるからだ。すばらしいコピーが書ければ、質のいい見込客の絞り込みにもつながる。時間とコストの大幅な節約につながるわけだ。たとえば、不動産業者が「お住まいのいまの価格をチェック!」というコピーで、クリック数や見込客をたくさん獲得しているとしよう。コピーに手を入れて、「いますぐ家を売りたい? お住まいのいまの価格をチェック!」に変えたら、見込客の数は減るかもしれないけど、ビジネスにはつながりやすくなるはずだ。

キュレーター社が提供しているサービスは安いものではない。それでも、僕たちの仕事ぶりを耳にした人たちはたいてい利用してくれる。だから、うちのサービス料金を表示して、手の出ない人たちを遠ざけてしまう代わりに(価値の提供もしないうちに料金を提示してしまうなんて、とんでもない)、こんなコピーにしている。「トップクラスのセールスマンやセールスチーム限定」。これで、ふさわしい見込客の関心を引き、そうでない人を寄せつけないようにできるし、だれも傷つけずに済む。

具体的な行動喚起

信じられないかもしれないけど、人間はすべきことを言ってもらいたがる。指示する必要があるのだ。「ここをクリックしてダウンロードしてください」「ここをクリックすればご覧いただけます」「詳しくはここをクリック」のようなごく簡単な行動喚起であっても、次のステップをそのまま文字で示すことが重要なのだ。

明確な行動喚起がない広告は、広告予算をドブに捨てているのも同然。読んでくれ、とお願いしておきながら、なんの行動も要請しないなんて。

フェイスブック用語が一般化するようになるにつれて、行動喚起にも新たなものが生まれてきている。「いいね！　をする」「コメントする」「シェアする」「タグづけする」といった行動を求めることが、ソーシャルメディアならではの効果的な行動喚起になりうる。僕はフェイスブック広告のプロだから、講演の依頼主からよく、口コミで広めてもらえないだろうか、と頼まれる。僕自身がそれほどフォロワーを抱えていない業種だったら、コメントしてくれそうな人にタグづけしてもらえないか、フェイスブック広告で知り合いに頼むようにしている。予想どおり、その広告を見た地元の一部の人たちが、地元ネットワークのだれかをタグづけしてくれるから、僕のビジネスへの注目度がアップするだけでなく、友達からの紹介だから安心、というおまけまでついてくるのだ！

広告のモバイル最適化

クリック、見込客、売上が絶えず入ってくるようにしたいなら、パソコンだけじゃなく、モバイルでの表示と最適化も忘れずにおこなうこと。フェイスブック（そして世界全体）がある種のティッピングポイントに達している。いまや、スマートフォンが情報通信網なのだ。大きなモニターなら見栄えがして効果もある画像やアドオン、行動喚起が、スマートフォン画面ではほとんど読めない、ということも少なくない。用意した画像や広告がどちらでもうまく表示される場合もあるかもしれないけど、それぞれ別のものを用意しなければならない場合もある。

僕も、フェイスブック広告キャンペーンの内容によっては、スマートフォンは一切対象にせず、パソコンユーザーだけに的を絞ることもある。より詳細なフォームの記入を求めるランディングページに送り込む場合は特にそうだ。広告マネージャを使えば、パソコンとスマートフォンでの見え方の違いを確認できる。僕は、スマートフォンユーザーのみをターゲットとした広告では、フルに登録させるランディングページのフォームは使わない。スマートフォンでチェックされることがわかっているランディングページを立ち上げるときは、メールアドレスと電話番号のどちらか、あるいは両方が入手できればよしとしている。スマートフォンでスクロールしながらランディングページのフォームに記入していかなければならないとしたら、せっかくの見込客もそこで手を止めてしまう可能性が十分にある。自分だったら全部記入するだろうか、と考えてみるといい。スタバで列に並びながらフェイスブックをチェックしていて、記事をクリックしたところ、記入欄が10項目もあったとしたら、たぶん記入なんかしないだろう。というわけで、スマートフォンの広告キャンペーンとランディングページは、なるべく「ちょこっと登録」にとどめておこう。

このことは、ユーチューブ、ツイッター、インスタグラムの広告にも当てはまる。ツイートひとつで見込客に転じたいなら、記入に5分もかけさせるわけにはいかない。相手は半角140文字の世界から（訳注・原書執筆時点。現在は半角280文字。日本語は140文字のまま）来たばかりなのだ（ユーチューブ、ツイッター、インスタグラム、その他に関するアドバイスは、次の第5章参照）。

効果実証済みの仕掛けへリンクさせる

僕の説明どおりにサイトやランディングページを最適化してあれば、リードジェネレーションにつながるフェイスブック広告とリンクさせるのは一瞬だ。見込客マグネット、計算されたランディングページ、リードジェネレーションに最適化したサイトやブログが重要な理由はここにある。

フェイスブック広告のほぼすべてが、クリックしてもらうことに焦点を当てている。クリックされると費用が発生するから、クリックした人の何割かは確実に見込客になるよう仕向けなければならない。うれしいことに、一度リンクを設定すれば、フェイスブック広告のすべてを変更しても、以前の広告と同じところにリンクさせられる。キュレーター社では、セールスのページが有望な見込客のコンバージョンにすばらしい効果を挙げている。つまり、マーケターとして僕がすることは、そのページへ定期的に人を送り込むことで、それにはいろんなやり方がある。フェイスブック広告の新しいアイデアを思いつくと、たいてい、すでにあるランディングページにリンクさせている。こうすることで、さまざまな業務ごとにフェイスブック広告を制作し、どの広告を見てもセールスのページに送り込める。

理想を言えば、広告ごとに別のランディングページにつながればいいのかもしれないけど、必ずしもそうとは限らない。ランディングページを新たにつくってばかりいるよりは、そこへ送り込めるクリエイティブなフェイスブック広告を新たに考え出す時間をもっととったほうがいい。

ランディングページを新たにつくって立ち上げるよりも、フェイスブック広告キャンペーンを新たに考え出して立ち上げるほうがはるかに簡単なのだ。

完璧なフェイスブック広告ファネル

このコンバージョンコードは、僕が考案した「C3」、つまり、見込客獲得（Capturing）、アポとり（Creating）、クロージング（Closing）に基づいている。フェイスブック広告でも「C3」を使うけど、こちらは、コンテンツマーケティング（Content）、コンバージョンマーケティング（Conversion）、クロージングマーケティング（Closing）のことだ。どこにリンクさせるか、この3つのいずれに当てはまる広告かを決めたら、この「C3」が完璧なフェイスブック広告ファネルとなる。そうなれば、ターゲットとすべき3タイプのオーディエンスも特定できる。

「C3」フェイスブック広告

第1段階──コンテンツマーケティング広告　クリック数やエンゲージメントが一番多い

フェイスブック広告をコンテンツマーケティング広告にする。良質なブログ記事、動画、ポッドキャストなどにリンクさせる。たくさんクリックさせ、情報を登録しなくてもアクセスできるなら、リンク先はどこだってかまわない。見込客獲得は必ずしも目的ではない。脈ありの人ならだれでも、そのうちにサイトを訪れてもらえるように、価値提供によって信用を築き始め、ブランド認知に至らせるのだ。ピクセルトラックも可能になるから、リターゲティングによって、コンバージョンおよびクロージングにもっとフォーカスしたフェイスブック広告の表示が可能になる。

第2段階――コンバージョンマーケティング広告　見込客が足りない（毎日安定して入ってこない）場合は、第1段階を飛ばしてここから始めるといい。コンバージョンマーケティング広告は、見込客が一番たくさん入ってくるところだ。このタイプの広告は、見込客マグネットやランディングページにリンクさせる。ガイドブック、eブック、動画などのダウンロードを提供すると効果的。このタイプの広告はすべて、オファー、獲得ページにリンクさせること。

最終段階――クロージングマーケティング広告　フェイスブック広告のファネルなのだから、すべての広告が一体となって機能していることを忘れないように。クロージングマーケティング広告の役割は、見込客にこのファネルを通っていってもらうこと。お客様の声を読んでもらう、ウエブセミナーに登録してもらう、営業担当者と会ってもらう、いますぐ電話で問い合わせてもらう、いますぐ行動して早割を利用してもらう、などが焦点となる。一緒に仕事をするうえでの次なるステップを知らせるコンテンツなら、なんでも使える。

フェイスブック広告ファネルの「C3」は、その目的も進め方もシンプルだ。ステップ1、コンテンツマーケティング広告で、トラフィック、認知、トラッキングピクセルにつなげて、もっと広告が表示されるようにする。ステップ2、コンバージョンマーケティング広告で、情報登録して「見込客」になってくれそうな相手をより効率的に特定する。ステップ3、クロージングマーケティング広告で、成約を目指す。

完璧なファネルにはこの3タイプの広告がすべてそろっている。ただし、「C3」の広告を用意するだけでは不十分。次は、ターゲット（およびターゲットから除外する人）を正確に把握する必要がある。そのために、3タイプのコアオーディエンスを特定する。

フェイスブック広告のコアオーディエンス3タイプ

フェイスブック広告を目にしてもらうオーディエンスは、戦略的に生んでカスタマイズする必要がある。フェイスブックには、広告ターゲットに最適なオプションとして、地域、年齢、学歴、関心事、所得、資産、世帯構成などいろいろ用意されている。ターゲットを決める際の組み合わせはまさに無限だけど、少なくとも次の3タイプを対象にしよう。

①マジックミリオン　これはわかりやすい。脈があって、ひょっとしたら買ってくれそうな人、あるいはそういう人を紹介してくれそうな人。100万人（ミリオン）はムリかもしれないけど、こういう名称にしたのは、このタイプはとにかく数を大きくする、と覚えておいてもらうためだ。10万人とか30万人、あるいは100万人以上がターゲットだ。とにかく数を多く、といっても、ある時点でお金を払ってくれる「可能性」を考慮する必要がある。

たとえば、複数の郵便番号を対象にする、大手のターゲットを掛け合わせる（ナイキとボーイングとフォード）、都市と年齢、州と年齢と最終学歴の掛け合わせ、などが考えられる。あまり選り好みしすぎないように。とにかく数が必要なのだから！

フェイスブック広告のインタレストを活用してマジックミリオンをターゲットにするのもかなりインパクトがある。僕の場合、Inman Newsと、不動産業界でも引っ張りだこのセールスコーチ3人に関心がある人をターゲットにできるよう、オーディエンスを確保してある。この

4つの関心対象だけで、オーディエンスは22万人を超える。Inman News（メディア）やセールスコーチ（研修ビジネス）と競合しているわけじゃない。どちらのオーディエンスも、僕がセールスやマーケティングのソリューションを売り込みたい相手と重なっているのだ。

フェイスブックが提供しているトラッキングピクセルは、1分もあればサイトにインストールできる。マジックミリオンのだれかがコンテンツマーケティング広告を見に来てくれたら（登録のお願いはできなくても）、その人が次回以降フェイスブックにログインすると、コンバージョンマーケティング広告が何度か表示されて、リードジェネレーションページへ追い込む。ここでの狙いは、まずマジックミリオンに認知してもらって信用を確立すること。相手に登録を求めたり、コンバージョンやクロージングにフォーカスした広告を表示し始めたりするのはそのあとだ。

②チャンキーミドル　マジックミリオンのだれかがコンテンツマーケティング広告をクリックしたら、その人は即「チャンキーミドル」になる。この転換が活発なのも、サイトにインストールしてあるフェイスブックのトラッキングピクセルのおかげだ。「いいね！」をしてくれた人、全メールリスト、それに「理想的」オーディエンスもここに含める。チャンキーミドルは、コンテンツ広告とコンバージョン広告の両方のターゲットとなる。

マジックミリオンを生み出ための大規模ターゲティングとは対照的で、この「理想的」オーディエンスは、たとえば、年齢が35~40歳、持ち家歴6年以上、趣味はヨガ、といったターゲットになる。(脈があり、買ってくれるかもしれない)マジックミリオンと違い、チャンキーミドルのなかでも特にこの理想的オーディエンスは、最有望の見込客に絞り込むこと。

マジックミリオンでクリックしてくれた人、「いいね!」をしてくれた人、全メールリスト、理想的オーディエンス、このすべてを足すと、かなりの人数(つまりチャンキー)になるはずだ。初めはそこそこの規模でも、新たなオーディエンスを毎日どんどん追加していくことで、絶えず「さらにチャンキー」にしていける。

ちょっとアドバイス。ターゲットのメールアドレスや電話番号のCSVファイルをアップロードするとき、フェイスブックでは「カスタムオーディエンス」という用語を使う。一度アップロードすると、そのオーディエンスのデータが保存できるけど、ほぼリアルタイムで同期可能だから、リストが増えてもまたアップロードする必要がない。

5000人分のデータをカスタムオーディエンスにアップロードするところから始めたとして、その後も、毎月数百人の新たな見込客を獲得しているとしよう。Driftrockのようなツールを使えば、CRMをフェイスブックに同期させられるから、見込客のデータベースが増えるにしたがってチャンキーミドルも増えていく（それに、次のスイートスポットも）。Mailchimpなどほかのの CRM、メールマーケティングツールも、フェイスブックカスタムオーディエンスとのリアルタイムの同期が、スムーズに設定できるようになってきている。

フェイスブックアドカスタムオーディエンス機能を使えば、広告を表示させない設定も可能。競合他社には見せたくない、あるいは、メールデータベースのなかで、すでに購入してくれた人には表示されないようにしたい、といったケースが考えられる。広告を表示させたい人のCSVファイルを追加して同期させるのと同じで、表示させたくない人のCSVファイルも追加して同期できるのだ。

③スイートスポット 見込客としてデータベースに登録済みで、いまにも買ってくれそうなオーディエンス。このオーディエンスには、「C3」（コンテンツ、コンバージョン、クロージング）の広告をすべて表示させたほうがいい。

見込客としてデータベースに入っているということは、こちらの商品やサービスへの意思表示をすでにしているわけだから、カスタマーレビュー、セールスとのアポ、詳しくはお電話で、早割、次のウェブセミナーへの参加申し込み、などをうたった広告をこのファネルの最後に（しかも適切に）表示したほうがいい。

このオーディエンスづくりはいたって簡単。いま手持ちの見込客データをすべてアップロードして（ここでもまたDriftrockなどのツールで）同期させるだけ。こうすることで、新たな見込客が入ってきたら即、新たなクロージング広告がこの「スイートスポット」オーディエンスに表示されるようになる。

特に効果的だったうちの例として、スイートスポットをターゲットにした「ストーカーではありません。トークしたいだけなのです」というクロージング広告がある。僕はこの広告を、「ScheduleOnce」（別名MeetMe.so）というツールにリンクさせて、対面式セールスデモの希望日時をそこに書き込んでもらっている（ほとんどのオンラインカレンダーと同期しているから、すでに入っている予定とは重ならないようになっている）。このクロージング広告をマジックミリオンやチャンキーミドルを対象にしたら、とんでもないムダづかいだけど、購入の意思表示をすでにしている見込客だけを対象にしているから、うまくいくわけだ。

一度見込客を獲得すれば、メール、ショートメッセージ、電話でフォローアップさえしておけば、ほかのマーケティング活動は不要、と考えている人が多いけど、それは間違い。スイートスポットのオーディエンスに関心を持ち続けてもらうために、購入してもらえるまでは広告を表示し続ける必要がある。メールを受信しても半数足らずしか開封してくれないことをお忘れなく。このフォローアップ広告の手法を使えば、見込客のほぼ全員にクロージング広告をいつでも好きなときに表示できるのだ！

フェイスブックファネルをうまく設定すれば、見込客は自分がファネルにいることにまったく気づかない。ファネルのなかでの進展はごく自然。表示される広告のタイプや行動喚起が積極的なものになるのは、相手が意思表示をさらにした場合だけだ。

フェイスブック広告の「C3」と、ターゲットにすべきオーディエンス3タイプの関係を、さっとおさらいしておこう。

- コンテンツマーケティング広告のターゲット＝マジックミリオン、チャンキーミドル、スイートスポット。
- コンバージョンマーケティング広告のターゲット＝チャンキーミドル、スイートスポット。
- クロージングマーケティング広告のターゲット＝スイートスポット。

ちょっとアドバイス。コンバージョン広告をマジックミリオン対象に、クロージング広告をチャンキーミドル対象にしたほうがいい場合もある。それによって見込客がさらに獲得できるかもしれないけど、情報登録したり、営業と話をしたりする気にはまだならない人のクリックでも、費用はかかることを頭に入れておこう。新たな見込客をとにかく「どんどん増やす」必要がある場合は、コンバージョン広告でマジックミリオンを、クロージング広告でチャンキーミドルをターゲットにすればいい。

アドバイスをもうひとつ。デイパーティング（日割り）も、見込客コンバージョンの最大化に利用できるカスタマイズ機能だ。デイパーティングを使えば、1日のある時間帯だけ、ある曜日だけ、あるいは両方の組み合わせで表示できる。僕も利用しているけど、非常に効果的だ。すぐフォローアップできる態勢の営業がいる時間帯に広告表示させたいならなおさらだ。それに、広告が表示される時間帯があらかじめわかっていれば、関連性のあるコピーもかなり工夫できる。たとえば、金土の夜中の1時から明け方4時までのみ表示させる「週末に眠れなくてお困りですか？」。あるいは、とびきりお買い得を知らせる広告を火曜の午後にだけ表示させる。広告の「C3」を3タイプのオーディエンスと組み合わせて、さらにデイパーティングを加えれば、リードジェネレーションもコンバージョンもより効果的に実現できるはずだ。

フェイスブック広告の予算を決める

フェイスブック広告は1日わずか1ドルでも可能だけど、だからといって、そうすべきとはならない。フェイスブック広告をコンスタントな獲得チャネルにしようと本気で思っているなら、そこそこの予算を継続して投入しなければならない。

予算を具体的に決める一番いい方法は、「1年間様子を見るために、毎月確実に支払えるのはいくらか」と自問すること。カジノとよく似ている。大当たりするかもしれないけど、賭け金すべてを失ってもかまわない、という心がまえが必要なのだ。すぐに成果を出そうと焦っていたら、うまく回り始める前に諦めてしまうかもしれない。誤解しないでほしい。フェイスブック広告を出せば、クリック、見込客、売上が今日にでも獲得できるのだ。ジムへ行けば、カロリー消費や筋肉増強がその日のうちにできる。ただし、継続して取り組まないと、本当のシェイプアップにはつながらない。

獲得できる見込客数は、1日あたりの広告予算が1～2ドルの場合と、10～20ドルの場合では、そのまま10倍の差となる。勝者は勝つ前に負けをいとわない。投資し、損をして、学ぼうという意欲がある。幸い、この章を参考にすれば「損する」ことは断然少ないはずだ。

フェイスブック広告のクリック単価、あるいは見込客獲得単価はいくらか、とよく尋ねられる。僕は、そうしたメトリクスを気にしすぎないように、と答えている。顧客獲得単価(1件成約するのに要した見込客獲得コスト)がわかったら、投資効果を得るためのコストがかかりすぎないようにさえ気をつけておけばいい。クリック単価が10ドル、見込客獲得単価が100ドルだったら、質の高い高額なものを販売してバランスをとる必要がある。かといって、クリック単価や見込客獲得単価を小さくすることが最終目的ではない。顧客獲得単価を小さくすることが重要なのだ。正直な話、クリック単価が10セント〜10ドル、見込客獲得単価が1〜100ドルの範囲なら、「適正」と見なしていいかもしれない。要は、あなたにとっての適正コストを算出する必要がある、ということ。

1カ月間の広告キャンペーンの様子を1時間ごとに確認する必要はないけど、ほかの広告との成果比較はしっかりおこなったほうがいい。4種類の広告を1カ月表示させるなら、5日ごとに調べる。ある広告が1000クリック獲得し、クリック単価38セント、別の広告が200クリックで、クリック単価2ドル38セントだった場合、パフォーマンスが低い広告をやめて、その分を順調な広告に投入しないのは賢明とは言えない。パフォーマンスに注目することで、順調な広告には倍投入し、うまくいっていない広告は没にすればいい。フェイスブックページ上部にあるインサイト、投稿をクリックすれば、クリック数の多い順にソートすることも可能。クリック数が多い広告に費用を割くのが賢明だ。

広告キャンペーンを総合的に判断するために、僕は見込客を少なくとも100件は確保するようにしている。クリック数ではなく、見込客の数だ。場合によっては、見込客が200件得られるまでは、判断を下さないこともある。僕が焦点を合わせているのはコンバージョンであって、見込客ではないからだ。1キャンペーンで100件以上の見込客を得られれば、「質のよくない見込客」が10件入ってすぐ立ち去られるよりも、よりよい判断ができると思う。フェイスブックの関連度スコアも、広告が効果を上げ続けるうえで参考になる。フェイスブックの基準でスコアがよければ、次に出す広告がその恩恵にすぐあずかれる。広告を出すのが継続してうまいところは、次の広告もうまくいくはずだと自動的に判断してもらえるのだ。高スコア（1から10のわかりやすい評価）を得ることが結局は、画像、コピー、行動喚起、ターゲットをきちんと押さえる原則に立ち返るのだ。

ちょっとアドバイス。同じ広告を長期間表示させていると、関連度が下がってくるかもしれない。なにごとも変化しているのだ。したがって、フリークエンシー（その広告のそれまでの平均表示回数）に注目すること。同じオーディエンスに何十回と表示されて効果がなくなってきているとわかったら、ほかの広告に変更する。逆に、まだ数回しか表示されていない広告を見限ってはいけない。6、7回あるいは10回くらい目にして初めて、クリックしてもらえる場合が多いのだ。

業種を問わず出すべきフェイスブック広告3タイプ

伝えたいメッセージとオーディエンスが絞り込めたら、次は、どんなタイプの広告にするかを決める番。フェイスブックにはさまざまなタイプが用意されていて、いずれも捨てがたい。でも、それぞれで効果に差があるのも事実。業種を問わずに掲載でき、掲載すべき広告は次の3タイプだ。

広告タイプ1――ウェブサイト誘導広告

そのままズバリ。速球ど真ん中の広告だ。この広告の目的は、できるだけ多くの人にクリックしてもらい、1カ所へ誘導すること。

広告タイプ2――カルーセル広告

サイトのあちこちへ、あるいはいくつもあるランディングページへ誘導するならこのタイプ。スワイプ可能なカルーセルカードを使い、ひとつの広告で複数のページへリンク設定できる。たとえば、①本を購入してもらう、②講演を依頼してもらう、③急成長中の自社サイトを見てもらう、④フェイスブックグループをチェックしてもらう、のように行動喚起がいくつかある場合。ひとつの広告で、アマゾン、ランディングページ、ウェブサイト、フェイスブックグループへ誘導できる。ニュースフィードのすばらしいインタフェースとインタラクティブなデザインのおかげで、クリック単価もクリックスルー率も、これまでに試したなかで一番いい。

ちょっとアドバイス。カルーセル広告は、パノラマ画像を使う、あるいは異なるカードであってもデザインを統一することで、クリエイティブなものにしよう。複数のカードをプラス記号（+）で視覚的につなげていって、最後にイコール記号（=）で終わるようにしたところ、大絶賛かつ効果抜群だった。

広告タイプ3――リード獲得広告

ビジネスオーナーのリードジェネレーションを支援するフェイスブックの取り組みは、リード獲得広告という選択肢が新たにできたことでかつてないほど明確になっている。このタイプの広告なら、個人情報収集のためにランディングページやサイトへのリンクを入れる必要がない。訪問者に記入してもらう必要すらない。フェイスブックに（ほとんどの場合）メールアドレスと電話番号がすでに登録されているからだ。リード獲得広告を見てクリックすると、すぐに（ランディングページがロードされるよりはるかに早く）、個人情報がすでに記入された簡易フォームが表示されるから、相手はクリックして送信するだけでいい。

このタイプの広告が導入された理由のひとつが、スマートフォンだ。スマートフォンの場合、ページがロードされるほんの1、2秒でも、長く感じてしまうからだ。また、せっかくトラフィックを誘導しても、リンク先のサイトやランディングページがお粗末なために、ムダになってしまっている中小企業が多いからだ。顧客データベースにメールアドレスと電話番号をどーんと追加したいなら、このリード獲得広告がぴったりだ。

フェイスブックパワーエディタ

パワーエディタは、広告の作成・維持用の高度なインターフェイス。代行者向きのより複雑な作業（広告にタグづけして整理するなど）が可能になる。広告キャンペーンをまとめて編集したいときや、掲載中のさまざまな広告を一覧できるダッシュボードが必要なときなどに便利だ。パワーエディタを使い、複数の広告をCSVファイル経由でまとめてアップロードすれば、時間短縮にもなる。

とはいえ、広告マネージャがあれば、たいていの場合は用が足りる。この章で紹介してきたものはすべて、パワーエディタがなくても可能（リード獲得広告は別）。パワーエディタに追加されたものが急速に伸びて、マーケターにとって（カルーセル広告、ディパーティング、リード獲得広告のように）本当に役立つとわかれば、その機能が即、広告マネージャに追加されるようになっている。

ちょっとアドバイス。パワーエディタでどんなことができるのか、もっと知りたい方は、ジョン・ルーマー（Jon Loomer）のブログが超お勧め。パワーエディタのエキスパートとして、変更点や役立つヒントを詳しく紹介しているほか、フェイスブック広告全般についてのアドバイスも豊富だ。

フェイスブック広告というファネルを設置して微調整できたら、見込客が毎日絶えまなく入ってくるようになる。

これで、フェイスブックというサービスをしっかり理解し、フェイスブックマーケティングのエキスパートになる方法がわかったから、次は、ほかにどんなソーシャルメディアやツールを使って、トラフィック、見込客、売上を僕が獲得しているのか、もっと詳しく知りたいという「欲」が出てきたのではないだろうか。

第5章

アクセスと見込客を増やす、フェイスブック以外の戦略

トラフィック、見込客、売上に関して言えば、フェイスブックがその他もろもろのソーシャルメディアと比べてダントツだろう。とはいえ、「その他もろもろ」にも大きな成長につながる可能性はたくさんあるのに、まだまだうまく活用されていない。鍵となるのは、大鉈《おおなた》を振るうのではなく、メスを入れることだ。

ベストな戦略は、効果があって再現可能な2、3をしっかりおこなうこと。なんでもかんでも手当たり次第やってみればなにか当たるだろう、ではダメなのだ。コンバージョンコードは計画なしには読み解けないし、その計画も当然、進化したり変化したりしていく。かといって、新しいハウツーをブログで読んだり、無料ウェブセミナーを視聴したり、テクノロジーカンファレンスに出席したりするたびに、あれもこれもと取り込んでいたら、ムダに詰め込むだけ。あっというまにネットマーケティング版「多芸は無芸」になってしまう。

冒頭でも言ったけど、この章を始める前にもう一度言っておこう。この章をまるごとすっ飛ばしたとしても、ほかのすべてをきちんと実施すれば、コンバージョンコードを読み解くことは可能だ。

すべてをうまく活用するなんて、ほとんどのビジネスではムリだ。ツイッター、リンクトイン、インスタグラム、ユーチューブ、ピンタレストのアカウントを持っていて、サイトやメールの署名欄にすでにリンクを入れているところもあるだろう（新しいメール署名が必要ならWiseStamp

をチェック)。週に何度か更新しているかもしれない。でも、その中途半端な取り組みに対してどんな見返りが得られているだろうか。胸を張って銀行に預けられるようなものではないと思う。

こんなふうに、なんにでも手を出し、なんでもかんでもしようとする、デジタル版「底辺への競争」は、ウイルスにも匹敵する致命傷となりかねない。解決策は、クリティカルシンキングと、最重要のいくつかに的を絞ることだ。もっと言えば、すでに気に入って活用しているツールを選ぶことのほうが大切かもしれない!

僕の場合は、動画が売上にすごく役立っているし、気に入っている。メインの見込客マグネットとして、また、僕が仕掛けるマーケティングのほとんどで、動画を活用する大きなメリットのひとつが、僕や僕の会社のことを、文章だけの場合よりも理解してもらえることにある。覚えているだろうか。言語はコミュニケーション全体の7%でしかないのだ。人はなにか読むときに、話し方や身ぶり手ぶりを勝手に想像しながら読んでいる。書いた人の話し方や身ぶりとは限らない(知っている人でない限り)。動画なら、コミュニケーションの100%が活かせるのだ。だからこそ、ジミー・マッキン(キュレーター社の共同創業者)と僕は、ウエブショーをライブで提供したり(#WaterCooler)、ウエブセミナーを大量配信したりしているのだ。さらに、オーディオ版もアイチューンズとスティッチャーにアップしている。すべて無料で視聴できる。人づてに聞いていることと、直接話を聞いて知っているのとでは、大違いだ。動画なら、こちらの伝えたいことが曖昧になる心配がない。

要するに、「自分」にとって最適なコンテンツにするのが一番だということ。人によってはそれがブログかもしれないし、アイチューンズ、スティッチャー、サウンドクラウドでポッドキャストを配信することかもしれないし、インスタグラムやピンタレストに写真をアップすることかもしれない。

これから挙げるすべてをおこなうのはまずムリだから(予算も人手も十分にある大企業なら話は別)、よく考えて選ぶこと。一番いいのは、一番気に入ったものを選ぶことかもしれない。潜在的な見込客数、広告機会、興味を引かれるうまいやり方などは、考えないようにする。気がつくといつもリンクトインをチェックしている、一日中インスタグラムをチェックしている、ポッドキャストを普段からよく聴いている、テレビではなくユーチューブを観ている、こういう人なら、まずそこに広告を配信してリードジェネレーションをおこなうところから始めれば、たちまち優位に立てるようになる。僕の場合、かけた時間とお金に対して、しっかりと見返りがあったのは次のとおり。

メールマーケティング

メールを活用して、見込客のフォローアップや、長期育成マーケティングをおこなう方法は、第6章と第7章で詳しく説明する。

購入してくれそうなトラフィックを、必要に応じて、コストもほとんどかけずにサイトで大量に獲得するのは、よく練ったメールを一斉送信するのが一番効果的だ。メールはもう終わっている、と思っているなら、情報源を変えたほうがいい。大量のメールがひしめいている受信箱のなかから拾って読んでもらうのはこれまで以上に難しいかもしれない。それでも、平均開封率はまだ21〜23%あるし、平均クリックスルー率も2・7〜3%あるのだ（Mailchimp調べ）[1]。つまり、メールリストが1万件あるとすると、メールを開く人が2300人、そのうち300人がリンクをクリックしてくれる、ということだ。さらに、このあと第2部で説明することを実施し、僕の場合と同じように、開封率とクリックスルー率が急増したらどうだろう。しかも、メールリストが10万件以上あったらどうだろう。すごくワクワクする数字になるのだ。

メールマーケティングはコンバージョンコードの重要要素だけど、たいていの企業は、実施はしていても、やり方が非常に下手。よく練ったメールを一斉送信することで、大量のトラフィックを望むタイミングで望むサイトに送り込めるだけでなく、開封やクリックした人のデータを収集することで「一番買ってくれそうな人」を特定できるのだ。

驚くほど多くのマーケターも、一斉メールを送信しているところでさえも、メールの威力をきちんと理解していない。メールマーケティングのトラフィックをグーグルアナリティクスで確認できるのはご存じだろうか。使い方が簡単なグーグルのURLビルダーでリンクを追跡するように設定してから、次回のメールを送信すれば、メールの実際の効果がよくわかるようになる。メールに記載したリンクをクリックした人のサイト滞在時間、サイト内でほかにも閲覧したページ数といったこともわかるようになるのだ。

僕も、メールリストからサイトへのトラフィックが、ほかのどのソースからのトラフィックよりも、ひとりあたりのサイト滞在時間もページビューもトップクラス、という経験を何度もしている。第6章と7章を必ず読んだうえで、次回の一斉メールやドリップメールを送信するよう強く勧めたい。

リターゲティング

トラッキング、あるいはリターゲティング、リマーケティングのピクセルを設定するように第1章で勧めた理由のひとつは、それがトラフィックと見込客に最適なソースとなるだけでなく、こちらが提供できる商品やサービスをネットで探している人がいる「いたるところで表示される」から。

リターゲティングは要するに、サイトやランディングページを訪れてくれた人に広告をさらに表示させることだ。トラッキングピクセルを適切に設定すれば、相手のメールアドレスや電話番号を入手しなくても「フォローアップ」できる。第4章で学んだフェイスブックマーケティングおよびフェイスブック広告のアイデア、この章で学ぶアイデア、この両者を結びつけるのがリターゲティングだ。

こう考えるといい。どうかんばったところで、トラフィックの大半はオプトインしてくれない。でも、そもそもサイトを訪れてくれたこと自体が、あなたの売っているものを真剣に検討していることを十分に示している。AdRollやフェイスブックのトラッキングピクセルを活用すれば、サイトを訪れてくれた人には、違うタイプの広告が行く先々で「ついて回る」ようになる。アマゾンやザッポスのサイトを訪れたことがあれば、おそらく経験があるだろう。ニュースフィードにその広告がたちまち表示されるようになるからだ。確かに、ちょっと薄気味悪い。でも、効果はある！

リターゲティングの設定はいたって簡単。頻繁に更新する必要もない（僕たちは四半期ごとに更新するようにしている）。サイトに訪問者があるたびに、日に何度でも広告が表示されるのだから、必要となる前に広告を出しているようなもの。ほかのすべてのネット施策と同じで、ここでもやはりイメージが重要だ。ぱっと目立つものにしよう。スマートフォンに表示させるバナー広告と、フェイスブック広告とでは、デザインの仕方もかなり異なる。

リターゲター社が勧めているリターゲティング7タイプを紹介しよう[2]。

①多すぎても少なすぎてもダメ　サイトを見てくれた相手だからといって、広告攻めにして困らせてはいけない。かといって広告表示が少なすぎるのもダメ。「フリークエンシーキャップを、ひとりあたり毎月15〜20インプレッション程度に設定するのが、真っ先に思い浮かべてもらえる一番スマートな方法」。

②心にしっかり残るように　バナー広告はほとんどクリックされていないのが現実だ。だからリターゲティングには、クリックと見込客の獲得以上のものが求められる。つまり、ブランドを確立し、「ネットのいたるところで見かけた」と言わせるくらいじゃないとダメだ。見栄えや強力な行動喚起も必要だけど、強く印象づけることも必要なのだ!

③ビュースルーを理解する　すべての人が広告をクリックしてくれるとは限らない。広告を目にしたあとで、新しいタブかウィンドウにURLを打ち込む人もいる。この場合もコンバージョンしたと考えるべきだ。リターゲティングソフトウエアのほとんどがこのデータ

を提供している。

④ネットワークは大きく　オーディエンス規模が小さいとリターゲティングはあまり効果的がない。サイトやランディングページへの訪問が引き金となって作動する広告であることをお忘れなく。必要なら、グーグルディスプレイネットワークを利用して補う手もある。これなら、タグづけしたサイト訪問者だけでなく、サイトをウェブ検索する潜在顧客全員にリーチできる。

⑤コンバージョンファネルの最適化　コンバージョンしないクリック先では、広告する意味がない。リターゲティングを展開するときは、第1章で説明したランディングページデザインのヒントをすべて盛り込むのを忘れずに。

⑥行動につながるオーディエンスをターゲットに　サイト訪問者全員をリターゲティングの対象にする必要はない。特定ページを訪れた人を対象にすることもできる。カスタマーレビューを見てくれた人だけを対象にして、リターゲティング広告でさらなるレビューを見てもらう、なんてことも可能。あるいは、こちらの連絡先ページをわざわざ見に来て、その後すぐ離れた人に、「ご連絡ください」の行動喚起を促す広告を表示させる手もある。リターゲティング広告でミクロに対応すれば、コンバージョンでマクロの効果が得られるのだ。

⑦アクティブオーディエンスをセグメントする　オーディエンスごとにリターゲティングできるだけでなく、その際オーディエンスに「焼印（burn）をつける」ことも可能。購入してくれた人にはもう広告が表示されないようにしたいときに便利だ。「お買い上げどうもありがとうございます」「注文確認」などのページに「焼印」ピクセルを設定することで、その広告は自動的に消える。焼印をつけたオーディエンスを対象に、後日新たな広告を表示させることも可能だ。うまく活用すれば、アップセルや顧客維持の機会を手堅いものにできる。

キュレーション

キュレーター社を共同創業した僕のことだから、この話が出てくるのは予想されていたと思う。注目してもらえるようなオリジナルのコンテンツやブログ記事を書く時間や能力はだれにでもあるとは限らない。でも、ほかのサイトやブログで見つけた面白いコンテンツや役に立つコンテンツのシェアなら、すでにしていると思う。キュレーションは、優れたコンテンツをほかから探してきてシェアすることで、オーディエンスのエンゲージメント維持に役立つ。また、オリジナルで書いたコンテンツを補うこともできる。でも、キュレートしたコンテンツでも、

図5.1 『ウォール・ストリート・ジャーナル』サイトに表示されたSnip.lyのブランド広告

トラフィックや見込客を自分のサイトに送り込めることをご存じだろうか？

Snip.lyなら簡単に「シェアするどのリンクにも行動喚起を付加」できる。よそのサイトのコンテンツをシェアしていても、巧みに設計されたボタンやバナーでこちらのサイトにトラフィックを送り込める。Hello BarやKissmetricsのエンゲージツールと似ているけど、自分のサイトではなく、どのサイトにも付加できるのだ！

このようにトラフィックを送り込むだけじゃなく、自社ブランドを世界的に有名なサイトに戦略的に、しかも無料で表示させることもできる。『ウォール・ストリート・ジャーナル』や『ニューヨーク・タイムズ』の記事をシェアすると、それを見てクリックした人にあなたの「広告」が表示されるようにできるのだ（図5・1）。このSnip.lyのプラグインはクロームにも追加できるから、ワンクリックでこのすべてが可能になる。

Genius.comもまた、ほかのサイトのコンテンツをキュレートする

（かつ恩恵にあずかる）優れたプラットフォームだ。もともとは、ラップソングに注釈を加えられるサイトだった（当初の名称はラップ・ジーニアス）。それが進化して、「ネット上のあらゆるページに注釈を追加」できるようになったことで、マーケターにとって非常に便利なものになった。たとえば、業界動向がうまくまとめられたレポートを読み、ハイライトをつけたり自分の考えをつけ加えたりしてからシエアする、なんてことができる。こうすると、加えたコメントにハイライトがつき、その部分がクリック可能になる。注釈には、サイト、ソーシャルメディアプロフィール、ブログ記事へのリンクも入れられるのも便利。

ユーチューブ

動画を制作しているけど、リードジェネレーションに活用することは考えていなかった、という人は考えを改めたほうがいい。優れた動画には、ランディングページのコンバージョン率、フェイスブック広告やプレスリリース（僕が使っているのはPRWeb）のメッセージ性、そしてメールの開封率さえ、アップさせる力がある。ユーチューブは、サイト、ランディングページ、見込客マグネットへのトラフィック流入元としても有望だ。ユーザー規模の大きさと、検索エンジンで現在世界第2位という地位のおかげだ。

ユーチューブをいますぐトラフィックと見込客の流入元として活用できる、ちょっとした方法がある。ユーチューブアナリティクスへ行き、動画を再生回数の多い順にソートする。このとき、各動画の平均視聴時間に注目すること。次に、「カード」と呼ばれるものを各動画のタイムインターバル、つまり平均視聴時間の4分の1あたりに入れる。平均視聴時間が4分だとしたら、僕はだいたい1分あたりにカードを入れている。ユーチューブカード（要するにポップアップ広告のことで、どこでも好きなところへのリンクが入れられる）は、表示するタイミングが早すぎればクリックしてもらえないし、遅すぎれば目にしてもらえないかもしれない。ここがベストとはっきり測れるものではない。少なくとも、その動画の平均視聴時間内に表示されるようにする。そのカードを使い、その動画に一番関連性のある見込客マグネットへのリンクを入れる。フェイスブック広告に関する動画があるとしたら、「いますぐ使える、フェイスブック広告で効果実証済みの27のテンプレート」のレポートがダウンロードできるランディングページへのリンクをカードに入れる、という具合だ。

以上のことは、ユーチューブ動画すべてに実施してもいいけど、再生回数の一番多い（あるいは多くなると予測される）動画に入れるのが一番効果的だ。純正の支援ポップアップ広告のようなもの、と考えればいい。SumoMeやKissmetricsでポップアップ広告をすでにサイトに入れているかもしれない。これで動画にも「ポップアップ広告」が入るわけだ！　コンバージョンコードを読み解くのに受け身は禁物。目的意識をお忘れなく。

よりマーケティングに特化したWistiaのような動画ツールを使えば、動画にメールアドレス獲得ツールを埋め込んだり、動画が終わったときに好きなURLへリダイレクトさせることも可能。Wistiaは、動画プレーヤーを埋め込む際のカスタマイズオプションも豊富で、ユーチューブより詳細なアナリティクスを提供してくれる。僕たちが営業用動画にWistiaを活用しているのは、その動画の再生率を見込客ごとに追跡できるから。普通は統合されていないサービスもつないでくれるZapier.comのおかげで、WistiaのデータをCRMの見込客プロフィールと同期させるなんてことも可能。

ユーチューブ動画広告も、トラフィックとリードジェネレーションのための媒体としてはほとんど活用されていない。動画広告を制作し、地域、性別、年齢、トピックやキーワードに基づいてターゲット化できるのだ。ユーチューブカードと同様、ユーチューブ動画広告も、見込客マグネットや情報収集フォームのあるランディングページにリンクできる。ほかの動画にもリンクできるけど、僕がリンクさせているのはたいていランディングページだ。

トゥルービュー広告、インストリーム広告、インディスプレイ広告などの選択肢がある。トゥルービュー広告は、その動画が再生される前に広告表示される。インストリーム広告とインディスプレイ広告は、検索しているときやほかの動画を見ているときに、お勧め動画のあいだに表示される。この章で紹介しているさまざまなアイデアを活用しても、大きな影響を与えるほどではない。それでも、ユーチューブそのものがとてつもない規模だから、ユーチューブ動画広告をうまく活用すれば、かなりの数のクリックと見込客を送り込めるはずだ。

ユーチューブ動画広告を流すなら、かっこいいものにすべきことは言うまでもないだろう。ひどい動画を流していたのでは、ランディングページをいくら完璧にしてもなんにもならない。見てもらえないのだから。トゥルービュー広告は15〜30秒までのものがほとんどだから、短く、かっこよく、面白い広告にしよう。

シリコンバレーでは、スタートアップ企業を中心に、いわゆる「解説動画」づくりが流行っている。長くてもたいてい90秒までで、アニメーション、スクリーンショット、ボイスオーバーを組み合わせている。GoAnimateなら、パワーポイント並みの手軽さで解説動画を作成できる。ここで注目すべきメトリクスは視聴者維持率だ。

予算があり、広告プラットフォームとしてのユーチューブにしっかり投資するつもりなら、こうした解説動画の制作会社がいくらでもある。「動画制作」でググってみて、各社のデモ動画をまず確認してみよう。コンタクトをとるのはそれからだ。各社それぞれ独自のスタイルがあるから、それぞれのサイトでスタイルを確認したうえで見積りを依頼するといい。制作費は下は500ドルから上は1万ドル以上と、動画の内容や質によっていろいろだ。

ユーチューブに関する最後のアドバイスはシンプルだ。ユーチューブアナリティクスを利用して、どの動画が効果的でどれがそうじゃないかを確認すること。僕たちのユーチューブチャンネルの視聴時間はすでに550万分を超えている。1時間のライブショーを20週連続でおこなっていた時期もあったけど、もうへとへとだったし、こんなペースを維持するのはムリだとわかっていた。解析データを詳しく調べてみると、ありがたいことに、このライブショーの1割で、僕たちの全動画再生回数の約9割を占めていることがわかった。ユーチューブアナリティクスのおかげで、特定のテーマ(フェイスブックマーケティングやモバイルアプリなど)や、著名なゲスト(ゲイリー・ヴァイナーチャクやゲイリー・ケラーなど)を迎えたことが、再生回数と見込客の急増につながっていたことがはっきりした。そうとわかれば、ライブショーの頻度を少なくするのも抵抗がなかったし、そうなってもショーもトラフィックも見込客も質を維持できたのだ。

ちょっとアドバイス。ユーチューブの「クリエイタースタジオ」ツールというモバイルアプリをダウンロードすることを強く勧める(通常の視聴用アプリとは別)。これは、動画をどんどん制作し、アナリティクスやエンゲージメント数を調べたり、コメントにすぐ返信したりしたい人向けのアプリだ。クリエイタースタジオのインターフェイスは、パソコン版ユーチューブアナリティクスよりも、ナビゲートも理解するのもはるかに簡単だ。

ツイッター

なんといってもまず、ツイッターには、学んで技を磨き続けるうえで計り知れない価値があると思っている。とはいえ、僕が一番よく活用しているのは、ツイッターリストだ。理屈のうえでは、自分がフォローしている相手は全員すばらしい人のはずなんだけど、どちらかというとイライラさせられるユーザーのほうが多いことにすぐに気づくようになる。でも、そこでフォローをやめたら相手を傷つけることになるから、僕はタイムラインは一切見ない（フォローしている相手には内緒）。ツイートを見られるようにするために、自分のアカウントを「グルズ」（Gurus）という僕がつくった非公開リストに手動で加える必要がある（このリストに登録されている人の大半がまったく同じことをしているはず。ツイッターのパワーユーザーの多くが利用しているやり方なのだ）。このリストに、マーケティング、セールス、テクノロジーの各分野の第一人者や企業を加えていく作業に、どれほど時間を費やしてきたことか。でもそのおかげで毎週数時間の節約につながっている。これがあるから、上質のコンテンツだけがフィルターされて入ってくるのだ。もう探しにいく必要はない。見るだけでいい。

フォローはしていないけど注目しておきたいアカウントもリストに加えている。競合相手がシェアしている内容には常に目を光らせておきたいけど、「フォロー」して相手を喜ばせるもしゃくだ、という場合に便利。その相手をリストに加えて、フォローしなければいいだけのこと。ツイッターリストは簡単に非公開にできるから、リストにだれが登録されているかを知っているのは自分だけ。僕の場合はどの程度の比率かというと、これを書いている時点でフォローしているのが3720アカウント、リストに登録しているのが555アカウントだ。

もうひとつ、僕が注目しているのが、自分はどのくらいリストに追加されているかだ。フォロワーが3万人を超えているだけでも、もちろん、かなりいい気分だ（生まれ育った町の総人口が4万7000人しかいなかったからね）。それでも、自分がリストに追加された回数をより注視してトラッキングしている。こちらはぐっと数が減って1300強だ。あなたもいますぐチェックしてみよう。リストに追加されている回数はどのくらいだろうか。

リストに追加してもらう（そして見てもらう）回数を増やす方法のひとつが、ツイッターアナリティクスをよく調べること。僕はそれほど時間を割いているわけじゃなく、月に1度ほど、Hootsuiteかツイッターにログインして、自分のトップツイートの、リーチ、クリック、リツイート、リプライ、「いいね！」がどうだったかを確認するようにしている。ついでにグーグルアナリティクスもちょっとのぞき、ツイッターが参照元のトラフィックの滞在時間を確認している。自分のトップツイートを毎月チェックしていれば、「効果的」なものとそうでないものが、ほんの数分ではっきりわかるようになる。ハッシュタグ、写真、リンク、ユーチューブ動画を入れたツイートが一番効果的とわかれば、その種のツイートを増やせばいい。パズルゲーム「キャンディークラッシュ」の新ステージをクリアした、とツイートしてもだれからも反応がないなら、やめればいい。

ちょっとアドバイス。ツイッターメトリクスには本当にハマってしまう。自分のつながりのなかで、エンゲージメントが一番多い人、影響力が一番ある人がわかるのだ。Commun.it、Sprout Social、Kloutはいずれも、ツイッター純正のアナリティクスツール以上に「行動につながるインサイト」を提供してくれる。僕はアイフォーンではTweetbotを、デスクトップではHootsuiteを使っている。ツイッター純正アプリやTwitter.comは使っていない。こうしたサードパーティのツイッターアプリのほうが純正アプリより優れている場合が多いのだ。

ツイッター広告も、フェイスブック広告やユーチューブ広告と同じく、ユーザー数とデータリッチなターゲティングオプションが豊富にあることで恩恵を得ているわけだ。ツイッター広告は、地域、ハッシュタグ、フォロワーのアカウントでターゲティングが可能。でも、同業のほかのアカウントをフォローしている人もターゲットにできることをご存じだろうか。あなたにとって理想的なデモグラフィックがフォローしていそうなアカウントもターゲットにできるのだ。例を挙げると、ラスベガスの不動産業者が地域を超えたアカウントをターゲットにすることも、さらに、HGTV（訳注・家や園芸のテレビチャンネル）のフォロワー、Zillowのフォロワー、ルイ・ヴィトンのフォロワーなど、ほかの基準とクロスターゲットさせることも可能。バスケットシューズの新作のツイッター広告なら、@Jumpman23、@FootLocker、@Nikeのフォロワーをターゲットにする。

広告をつくる際、自分のツイートに対するフォロワー数を増やすのか、エンゲージメント（クリック、リツイート、リプライなど）を増やすのかを選べる。現時点では、良質のクリック獲得単価は手頃だ。理由は、ツイッターユーザーはたいていスマートフォンでチェックしているため、クリックでランディングページへ誘導してコンバージョンするのがまだかなりハードルが高いから。ツイッターはこの問題の解決に取り組み、ソリューションをいろいろ工夫している（そりゃそうだ。見込客を多くの企業に送り込めるかどうかで株価が変わるんだから）。なかでも「ツイッターリードジェネレーションカード」は、第4章の広告タイプのところで取り上げた「フェイスブックリード獲得広告」に近い。ただし、現時点では、「簡易」ランディングページの活用をお勧めする。第1章で説明したように、「簡易」とは要するに、相手に記入をお願いするのはメールアドレスか電話番号だけにしておくことだ。いまはまだ、ツイッター広告クリック後に情報をいろいろ記入してもらうのは難しい。

リターゲティングをおこない、フェイスブックトラッキングかAdRollピクセルをサイトとランディングページのすべてに設定しておけば、クリックさえしてもらえば済むのが利点。ツイッターで何千とクリックさせてある記事に送り込めれば、そこで何人獲得するかなんてことはまったく気にせずに済む。訪問されたことが引き金となり、フェイスブックのニュースフィード広告やリターゲティング広告が始動するからだ。特に、フェイスブックニュースフィードのリターゲティング広告に関しては楽観視している。ブログを見てくれた人へのリターゲティングを設定しておけば、その人が次にフェイスブックにログインすると、こんな広告が表示される。「ブログを見てくれてどうもありがとう。ここから○○が無料でダウンロードできます。きっとお役に立つと思います」。つまり、ツイッターで掘り起こした見込客をサイトへ送る、サイトを見てもらうとフェイスブックのニュースフィードやウェブを見ている先々に広告が表示される、その広告をクリックするとランディングページへ飛ぶ、というわけ。バッチリだ！

この章にあるどのアイデアでトラフィックを増やすにしても、効果実証済みのリターゲティング広告で援護射撃すれば、すぐに獲得することにそれほどこだわらなくて済む。以前より難しくなっているこのご時世だから。

インスタグラム

インスタグラムで目的を持ってフォロワーを増やすのに効果的な作戦がいくつかある。もちろん、かっこいい写真を撮ってシェアすることは言うまでもない。もうひとつは、関連性のある人気ハッシュタグを利用すること。TagsforLikes.comを使えば、インスタグラムで人気のあるハッシュタグをキーワードやトピックで検索し、コピー&ペーストが簡単にできる。フォロワーを増やすもうひとつの方法は、同じアカウントの複数の写真に連続して「いいね!」をしてから、フォローする、というもの。こうすれば、相手が通知をチェックしたときに、1回限りの通知ばかりのなかで、こちらのエンゲージメントの「かたまり」に必ず気づいてもらえる。

写真画像の上にことばを入れるのもすごく効果的で、フォロワー数やエンゲージメントのアップにつながりやすい。使い方が簡単な無料ツールを試してみるといい。バッファーが出しているPabloや、OverやRetypeといったモバイルアプリで、ことばを入れたプロ並みの写真があっという間にできる。

でも、インスタグラムで一番うれしいのは、その広告プラットフォームだ。なによりも、フェイスブックの傘下なのがうれしい。フェイスブックは、良質な広告と費用対効果を重視している、と表明しているからだ。現時点で文句ないユーザー規模を考慮すれば、このプラットフォームに広告を出す価値はすぐ理解できると思う。

インスタグラムについては当初マーケターから、投稿した写真にリンクが入れられない、バイオにしか入れられない、という批判があった。それを解決するのがインスタグラム広告だ。これでランディングページやサイトにリンクできる。フェイスブックとしっかり統合されているから、僕がインスタグラム広告を初めて設定したときには、フェイスブックのパワーエディタを使う必要があったほどだ。毎日利用するインスタグラム中毒のユーザーとフェイスブックのすばらしいデータは、コンバージョンコードにとって最高に恵まれた組み合わせとなる。

インスタグラムで効果があるタイプの広告を判断するのは時期尚早だけど、たいてい、あるプラットフォームにおけるベストプラクティスが、どの場合でも最適な広告と言える。僕が当初試したインスタグラム広告は、クリック単価、クリック数、コンバージョン率、サイト滞在時間、訪問別ページビュー、すべてにおいて手堅いものだった。僕はそれまでインスタグラム広告を打ったことがなかったのに、なぜこんなにうまくいったのか。インスタグラムのプロフィールやオーガニック投稿を通じて、かっこいい写真、フィルター、ハッシュタグ、画像上のことばが効果的だとわかっていれば、広告のベストプラクティスにも引き継いだほうがいい。

僕が打ったインスタグラム広告は、すでに確立されていたエコシステムと連動していたからうまくいったのだ。

ゲストブログ

ここ数年のかなり新しいトレンドで、活用価値があるので触れておこう。僕がブログを始めた頃は、コンテンツを読んでもらえるようにするのは100％自分の責任だった。これが、数多《あまた》のブログが見捨てられてしまった主な理由だ。何時間も費やして調べものをしていい記事を書いても、読んでシェアしてくれたのは自分の母親だけ、なんてことでは面白くもなんともない。

いまは、Mediumやリンクトインへさっと飛んでそこに記事を投稿すれば、読んでもらえる。自分のブログ読者ではなく、そこの読者にだ。僕が初めてMediumに記事投稿すると、1万7000ビューを獲得し、うち99％が僕とは別のそこのコミュニティから来ていた。もちろん、記事には僕へのリンクをいくつか入れておいたから、かなりのトラフィック参照元になった。種明かしはこうだ。Mediumのエコシステムを研究し、どんな記事を投稿したらいいかじっくり考えたのだ。僕が得意とする「ハウツーもの」の記事ではバイラルしないのはわかっていた。そこで、その年の夏は妻や子どもたちと離れていたことが、スマートフォンなしで1

日か2日過ごすよりよっぽど辛かった、という内容の記事を書いたところ、Mediumのコミュニティに気に入ってもらえ、シェアしてもらえたし、Mediumのホームページやほかのプラットフォームの主なところでも取り上げてもらえたのだ。

業界で影響力のあるブログやサイトがあれば突き止めて、オリジナルのコンテンツを送って掲載してもらうのもお勧め。たとえば、Inman Newsは、アメリカの不動産業界で20年以上の歴史があり、僕には普段手の届かない大企業経営幹部クラスのオーディエンスにリーチしている。そこで僕は年に数回、Inman Newsの読者が気に入ってシェアしてくれそうなキラーコンテンツを送るようにしている。どのメディアやブログ運営者に送るときも、「わたしの最新記事は1万7000強のビューと多くのシェアを獲得しています」「掲載していただけたら、1万5000件を超えるわたしのメールリストにも送ることができます」とひと言添えるようにしている。おかげで、あれこれ訊《き》かれることもなく掲載してもらっている。

ゲストポストをするなら、自分の最良記事へのリンクを入れた署名を忘れずに入れよう。投稿記事には自分が書いたほかの関連記事へのリンクもいくつか入れておいて、サイトへ誘導することも忘れずに。知らない人が書いたものを読み、すばらしい内容だと思えば、どんな人が書いたのだろうとツイッターをチェックしたり、サイトをのぞいてみたりして調べるのはごく自然なこと。キラーコンテンツを無料で提供する代わりに、必ずそうなるようにもっていくのだ。

ポッドキャスト

僕はポッドキャストにハマっている。第3のチャネルとして、文章系と動画系のすきまをバッチリ埋めている。見込客とのつながりにまだ活用されていない、新たな機会となっている。僕たちの人気ウェブ番組も、運転中、ジョギング中、シャワー中にはさすがに視聴してもらえない。こうしたちょっと長めの「休憩時」用に、良質のオーディオコンテンツが必須になる。そこに見込客マグネットとオファーをうまく設定するわけだ。ポッドキャストは、動画のように身ぶり手ぶりの再現はできないけど、みんながみんな動画向きとは限らないし、少なくとも口ぶりを再現できる。

ポッドキャストはいろんな意味でブログに代わるものだ。インフルエンサーマーケティングの世界では、文章で多くの読者を獲得したブロガーの（ほとんどとは言わないまでも）多くが、ポッドキャストへ移行したか、ひとつ（あるいは複数）のポッドキャストも活用している。

ポッドキャストを本気で活用するつもりなら、プロ仕様ツールが必須だ。しょぼい音声では、効果もしょぼいものになる。僕たちは、ウェブ番組がたちまち成功した時点で再投資の必要性を感じていた。もともとはユーチューブでライブ放送していたけど、コンテンツの大半は会話だ。つまり、スライドを見せたりスクリーンをシェアしたりするわけじゃなく、グーグルハングアウトですばらしいゲストを迎え、ビール片手に成功談を語ってもらったりする番組なのだ。

ポッドキャストなら、新たなオーディエンスに新たなタイミングでリーチしやすくなるから(それに、この番組は動画フォーマットですでに売上につながっていたから)、僕たちはヘイルサウンドのマイクとマッキーのミキサーを購入した。これで、MP3として音声を取り出すときも、最初からオーディオ専用のポッドキャストとして録音されたような音質が確保できる。

コンテンツをさまざまなプラットフォームで配信している成果がどのくらいかというと、ユーチューブ動画1本で1万ビュー、さらに、アイチューンズとスティッチャーで3000超ダウンロードされている。ホスティングとアナリティクスにはLibsynとアマゾンウェブサービスを使っている。いますぐにプロのポッドキャスターになるのはムリでも、この分野に一歩踏み出したいなら、サウンドクラウドとスマートフォンでオーディオコンテンツをつくってみよう。できた音声ファイルをサイトに埋め込んでシェアしたり、サウンドクラウドから直接シェアしたりできる(サウンドクラウドのコミュニティーで見つけてもらうのは、ユーチューブの動画やMediumの文字コンテンツを見つけてもらうのと同じ要領)。

ちょっとアドバイス。ポッドキャストの始めと終わりに、わかりやすい行動喚起のメッセージを入れよう。「これから言うコードを次の電話番号にテキストメッセージしてください。無料のなになにをお送りします」「当社ウェブサイトで、この番組の内容をまとめたものと、今日お伝えしたリソースの全リストがダウンロードできます」など。大勢の人にただ聴いてもらえばいいってもんじゃない。たくさんの見込客を獲得しなければならないのだ。

ポッドキャストを始めなくても、広告出稿という手もある。僕は、お気に入りのポッドキャストすべてのスポンサーをひとつ残らず言えるし、そうしたスポンサーのさまざまなオファーに対して何度も行動をとったことがある。うちの会社の弁護士は、ポッドキャストの広告がきっかけで依頼している。僕の共同創業者が婚約指輪を購入したのも、パンドラ（訳注・音楽配信サービス）の広告ネットワークで配信されていたおかげで知った地元の店だった。印象的な広告を繰り返し耳にしていると頭から離れなくなるのだ。ボストンでビジネスしている人なら、熱烈なボストンファンをベースに持つ巨大なポッドキャストで、スポンサーを必要としているところがあるはずだ。ユーチューブ広告が、テレビ広告に代わる比較的低コストかつ成果ベースのものだとすると、ポッドキャスト広告やパンドラ広告は、ラジオ広告に代わる比較的低コストかつ成果ベースのもの、と言える。

ウェブセミナー

ウェブセミナーに一度は参加したことがあると思う。では、ウェブセミナーをリードジェネレーションとコンバージョンのツールとして活用したことはあるだろうか。ないなら、みすみすチャンスを逃していることになる。ウェブセミナーは、これまでとはまったく異なる2種類の「売り込み」チャンスなのだ。ひとつは「グループデモ」、もうひとつは「ほとんど売り込まない売り込み」だ。この両方を活用すれば「1対1」の営業を超えるものになる。

ウェブセミナーは新たなタイプの見込客を大量に獲得するチャンス。営業と1対1で話したがらない人が多いからだ。また、とにかく売り込みには一切耳を貸さない、という人も多い。「グループデモ」なら、1対1の関係を普段避けている人でも集められる。「ほとんど売り込まない売り込み」(ウェブセミナーの最初の9割方の時間はセミナーに費やして売り込みは一切せず、最後の1割ほどの時間ですばやく売り込み、その場限定の手堅いオファーで締めくくること)なら、ことば巧みに売り込むのと違い、セミナーを売りにするわけだから、がぜん多くの人を集められる。役立つ情報を伝えるウェブセミナーの宣伝なら、ただの宣伝と比べて、参加者が5倍になる。うちの会社では、知ってほしい重要ポイントに的を絞ったウェブセミナーで、1度に5000人を超える参加者を集めることができる。グループデモなら500人は手堅く集まるだろう。

ウェブセミナーで売り込まないからといって、1対1の売り込みと比べて、成約率が5分の1になるわけじゃない。反対に、ウェブセミナーのコンテンツがよければ、視聴者がぐっと増えるから、最終的にはより成果につながるわけだ。

大規模なウェブセミナーをおこなうと必ず、サイトやランディングページへのトラフィックもぐんと増える。リンクを2、3用意しておいて、チャットに入って退出するときにそのリンクに言及すると、大量のトラフィックと新たなオプトインにつなげることができる。

きちんとしたウェブセミナーで、その場限定のオファーをきちんとおこなえば、想像以上に高い成約率につながる。キュレーター社のサービスは月1000ドル以上するけど、ウェブセミナー参加者の10％以上に常に成約してもらっている。オファーをし、お電話ください、と言って電話番号を見せる（BetterVoice.comを利用して、かけてきた相手の番号を調べて、その人も、取りそこねた電話の相手も、すべてCRMに送っている）。その場限定のオファーを手に入れようと電話がかかってくる。うちのセールチームがこの本の第3部にあるスクリプトを使い、できるだけ高い確率で成約する。しかも、普通に売り込むマーケティングとABテストで比較してみても、メールリストがはるかにすばやく増やせるのだ。

製品やサービスに焦点を当てた1対1の電話セールスやデモセールスだけが、売り込む方法じゃない、ということ。それに、ウェブセミナーの参加者には、いままで成約してもらったことがないタイプの人が多い。ウェブセミナーがなければ、食いついてもらえるものを提供する機会さえなかったのだから。ウェブセミナー終了後は、その録画動画をユーチューブにアップして、リンクをブログ記事に埋め込もう。ウェブセミナーの動画は、メールマーケティング、フェイスブック広告、ランディングページのコンテンツにも役立つことをお忘れなく。

ちょっとアドバイス。ウェブセミナーを始めるなら、参加登録者の少なくとも5割には確実に参加してもらおう。いわゆる「出席率」(ショーレイト)だ。参加を促すリマインダーメールを必ず送ろう。フォローアップも、ウェブセミナーツール任せではダメ。また、みんながみんな、電話をかけてきたりメールを送ってきたりするわけじゃない。それでも、「購入しよう」という人を増やすちょっとしたコツがある。ウェブセミナーの最後でオファーする際に、購入を希望される方はチャットに携帯電話番号を書き込んでください、と呼びかけて、こちらからすぐ電話をかけるようにするのだ。GoToWebinarのチャットボックスに続々と電話番号が入ってくるのを見るのはなんともいい気分。ウェブセミナーを終了したら即、出席者レポートをチェックしながら電話をかけよう。チャットボックスに書き込まれた電話番号はすべてCSVファイルに入れること!

グロースハック

このことば自体は気に入らないけど、グロースハックをうまくおこなえば、成果も大きい。具体的な方法は数え切れないほどある。ここでは僕の考えと、どのようなグロースハックで見込客も売上も増やしているかを説明しよう。

知り合いで、膨大なメールリストを持っている、あるいは、ソーシャルメディアで圧倒的な存在感があり、こちらのリストとそれほどかぶらず、購入してくれそうな人がいるリストを持っている人はいないだろうか。価値提供をきちんとおこない、しっかりした関係性を整えておけば、ほかの人のオーディエンスを「利用」してこちらのオーディエンスを増やすのに大きな効果がある。「利用」とカッコ書きにしたのは、相手のメールリストを実際に入手したり、こちらのリストを相手に渡したりするわけじゃないから。どちらにも売り込めるクリエイティブなキャンペーンに共同で取り組む、という意味だ。

僕が以前働いていたムーブ社は、全米不動産業者協会と契約し、この協会のブランドでRealtor.comを運営することで、全米の不動産業者（優に100万社は超える）のメールアドレスをほぼ完全に入手、そのリストに売り込むことを認められている（同意したガイドラインに従って）。僕のオーディエンスは、テクノロジーに精通し、早くから取り入れてどんどん生み出している人たち。一方、ムーブ社のオーディエンスは全不動産業者。この両者がチームを組んで共同ウェブセミナーをおこなえば、僕には、そうでもしなければ手に入らなかった何千という見込客が手に入るし、相手は自社ブランドを、数はそこそこながら引っ張りだこのオーディエンスに知ってもらえる。何度かおこなっているこの共同セミナーは、参加登録者が5000人を超えることもしょっちゅうある。このうち4000人は相手のリストからで、僕のリストからではない。

インフルエンサーマーケティング

ツイッターを始めた頃の僕は、確かに「やり方がまずかった」。フェイスブックの更新をツイッターに自動的にツイートさせるアプリをつないだだけだったのだ。その後、宣伝ツイートを毎週繰り返し流す設定をしただけで、その後一度もログインしなかった。アナリティクスで自分のツイートの成果を初めてチェックし（どのツイートにもサイトへのリンクを貼ってあった）、自分のツイートがなんの影響も及ぼしていないと知ったのもムリなかった。

そこでちょっと冷静になって考えてみて、ツイッターは、同じ業界の優秀な人たちと知り合い、フォローし、つながる場だと気づいたのだ。結局、やり方がまずかったのは僕ひとりじゃなかった。ほとんどの人がツイッターの正しい活用の仕方がよくわかっていなかったのだ。使っているうちにいろいろとわかってきたのは、自分のリンクをシェアするのはもちろんかまわないけど、ほかの人のリンクをより頻繁にシェアするのが礼儀、ということ。そこで、僕が尊敬している人たちのことをツイートし、その人たちのいいツイートをリツイートするようにしたところ、相手もたちまち同じようにして返してくれるようになった！　この作戦に変えてから1カ月もたたないうちに、ツイッター経由のトラフィックがそれまでの3倍を超えるようになった。前と比べたらはるかに少ない時間しかつぶやいていないのに、こうなったのは、トラフィックが自分のツイートからじゃなく、こうした相手のツイートから来ていたからだ。

これと同じ考え方が、インフルエンサーアウトリーチにも当てはまる。ゲイリー・ヴェイナチャックの本のタイトル『Jab, Jab, Jab, Right Hook: How to Tell Your Story in a Noisy Social World』（未邦訳、ジャブ、ジャブ、ジャブ、右フック――騒々しいソーシャルワールドでいかに自分を伝えるか）じゃないけど、右フックの前にジャブを繰り出す必要があるのだ。僕はかつて、ロバート・スコブルとマリ・スミスに、僕のブログへのリンクをシェアしてもらったことがある。それは、4万7000人を超えるファンを抱えていたフェイスブックページを警告もなく消された、ある友人へのインタビュー記事だった。するとたちまち、僕のサイトに6000人を超える人が同時に訪れたのだ！　言っておくけど、その頃は1日のページビューが3000

をやっと超えたばかりだった。それが一挙に6000のユニークページビューを獲得したのだ。

インフルエンサーの手を借りてコンテンツ拡散してもらいたいなら、ジャブをとにかくひたすら繰り出してから、右クロスパンチ、と言ったところだろう。僕の存在はマリ・スミスに少なくとも気づいてはもらえていたし、マリ・スミスの存在はロバート・スコブルに気づいてもらえていた。どうするのかって？　相手のことを書くのだ。相手が書いたことを書けばいい。相手のコンテンツを共有し、相手にメールを送るのだ。もちろん、現実的になる必要もある。ありとあらゆるおべっかを使うこともできる。でも、シェアしてもらえる優れたコンテンツもなく、どうってことないものをシェアしてもらおうなんて、夢みたいなことを考えていてはダメ。相手は、どうってことないコンテンツではなく、優れたコンテンツでインフルエンサーになったのだから、こちらも同じようにするべきだ。

この章の冒頭で説明したように、（フェイスブック以外の）「その他もろもろ」にも、大きな成長につながる可能性がたくさんあるのに、あまり活用されていない。もちろん、フェイスブックだけに集中してほかには一切手を出さなくても、大きく成長する可能性は十二分にある。フェイスブック以外にもやろうと決めたら、この章で説明してきた具体的なアイデアに基づいて実行することで、僕と同じように成果につながればうれしい。オンラインマーケティングの選択肢は増える一方だから、ソーシャルネットワーキングのつもりが、ソーシャルノットワーキング（うまくいかない）なんてことにならないよう、計画と目的を明確にしたうえで取り組むようにしよう。

この第1部では、リードジェネレーションに関するコンバージョンコードを読み解く方法を説明してきた。ただし、命運はフォローアップにかかっている！ 次は、獲得した見込客全員から質のいいアポをとり、成約につなげにかかる番だ。第2部では、新旧どちらの見込客もアポに転じるための青写真を示す。そして第3部で、見込客に対して電話でどう売り込めば「買う」と言ってもらえるのか、具体的に説明しよう。

第2部

質の高いアポをとる

アポインターの
コンバージョンコード心構え

一秒一秒
― が ―
重要

飛び込み電話撲滅

勝つ
のは
人

成否を
― 決めるのは ―
フォローアップ

ひと言ひと言が重要

#TheConversionCode

第6章

新規見込客を即アポにつなげる

ネットでのリードジェネレーション（そして第1部で説明した大半）はまだ比較的新しい。第1部で説明したリードジェネレーションのコードを、多くの企業はまだなんとかして読み解こうとしている段階にいるから、その先にもまだ、難易度も重要度もはるかに高いコードがあることに気づいてもいない。それが、見込客をコンバージョンするコードだ。

次に示すデータ（ムーブ社提供）は、不動産業界の2011年から2014年の間における見込客数の伸びを示したものだが、どの業界でもいま起きていることを見事に物語っている。見込客はかつてないほどたくさんいるけど、その膨大な中からこれだ、と見つけるには、なんらかの構想が必要なのだ。

2011年、不動産関連のネット見込客は290万件、住宅販売数は440万戸だった。2014年にはその見込客が4060万件と急増したのに対し、住宅販売数の伸びは510万戸に留まっている。

この第2部の目的は、電話セールスに最適な見込客をすばやく見きわめて、続く第3部で説明するスクリプトを活用できるよう持っていくことにある。

マーケティングがアポに、アポが売上につながり、売上が家族を養うのだ。

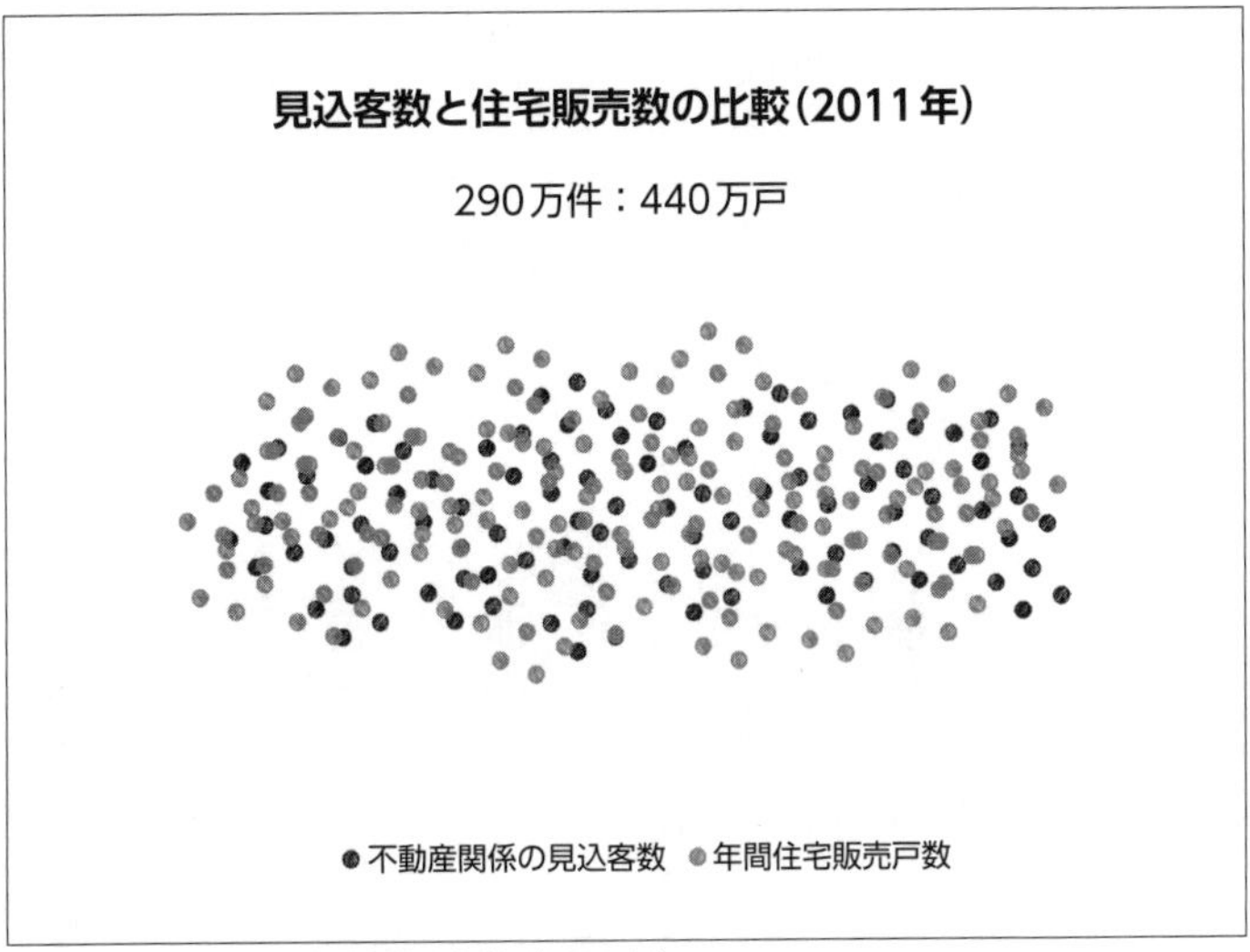

図 6.1　見込客数と住宅販売数の比較（2011 年）

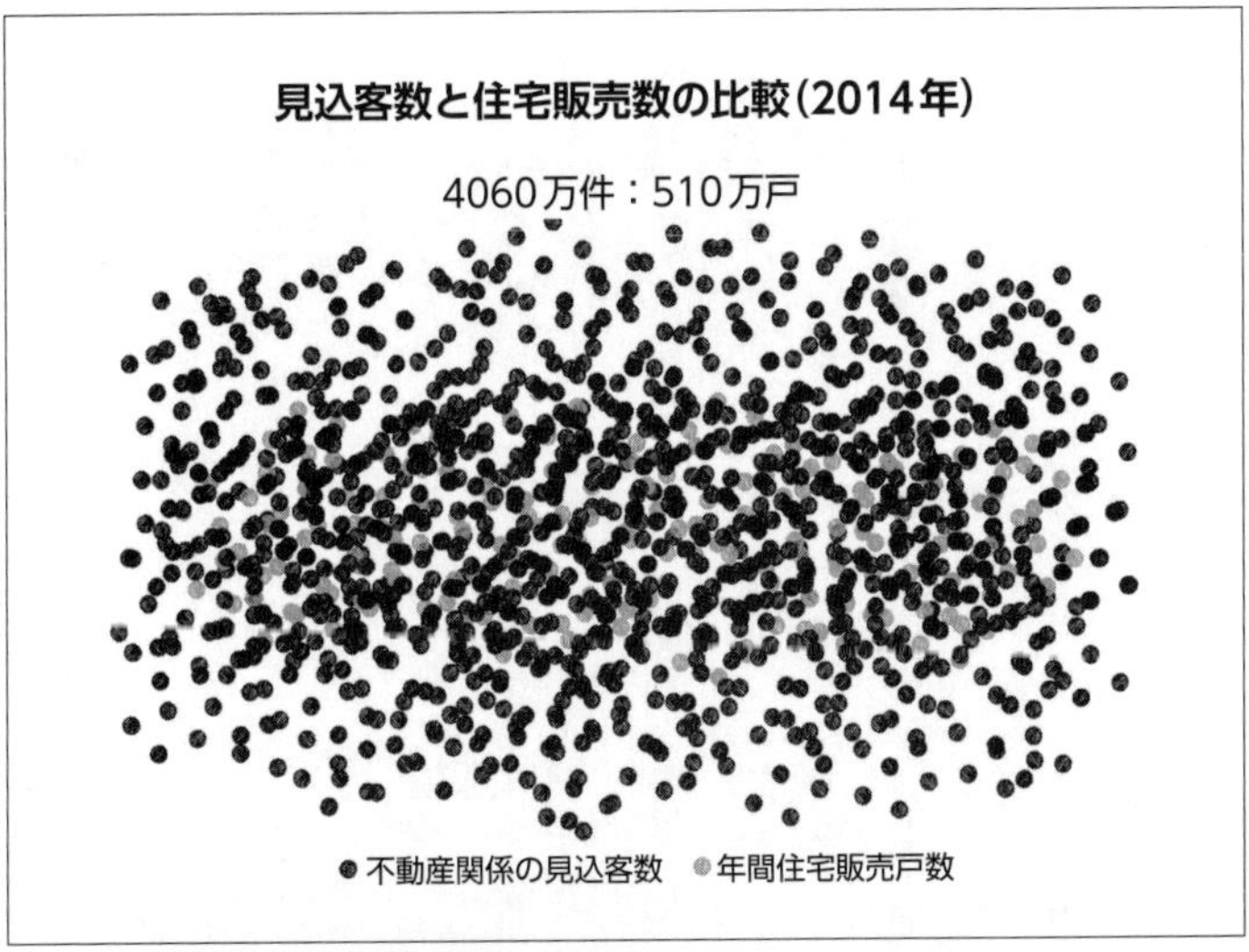

図 6.2　見込客数と住宅販売数の比較（2014 年）

命運はフォローアップにかかっている

見込客が定期的に入ってくれば、ここからが本番スタート。つまり、質のいいアポとりを一貫してオンデマンドベースで確保していく。この第2部では、有望な見込客、新たな見込客、古くて「質のよくない」見込客をアポに転じる方法を説明する。

また、オートメーションと人員（アポインター）の活用で、新たな見込客を即アポに転じ、営業につなげるようにしている僕のやり方も紹介する。ここではテクノロジーがとても大きな役割を占めるけど、人員を適切に配置することはもっと重要なのだ。

次の段階に進む前に、どの程度の人員で進めるのかを決める必要がある。理想的なのは、新たな見込客を獲得するたびに、できるだけすばやく電話をかけて、「真打」営業と電話でじっくり話をしてもらうためのアポとり専任がいることだ。詳しい話が聞きたい、関心がある、と言ってもらえた場合のみ、営業に情報を渡す。見込客が入ってきたら即「ほやほやの状態で渡す」か、近日中のアポをとるわけだ。次のセクションで紹介する「20分／20分／20分セールス」は、インサイドセールスがいれば、基本的にその人たちに最初の20分に相当する部分を担当してもらうことになる。つまり、クローザー（成約担当）に見込客データを渡す前に、主導権をとる、深掘りする、絞り込む、反対理由があれば突き止める、といったところまでしておいてもらうのだ。インサイドセールスのもうひとつの活用法は、古い見込客に電話をかけてもらうこと。これで、歩合給の高い営業が断られてばかり、なんて事態を避けられる。営業は売り込み、アポインターはアポとりにそれぞれ専念できれば、結局は、みんなの生活の質の向上につながるのだ。

よくあることだけど、見込客やアポは会社が用意してくれるはずだから、自分は売り込むだけ、と思って営業職に就いた人が、いざ動いてみると、いますぐ買う気なんてさらさらない相手に電話をかけて売り込むようなことにばかり時間をとられてしまうわけだ。それでも、適切なスクリプトでタイミングよく相手を捕まえれば、そこそこ真剣に話を聞いてもらえるかもしれない。いずれにしても、営業がすべきなのは売り込みであって、アポとりではないのだ。

アポインターと営業を兼任している場合は大変だけど、不可能ではない。実際、僕たちがキュレーター社を立ち上げた頃は、マーケターも、進行管理も、クローザーも、すべて僕が兼任していたのだから！　役割をいくつも果たさなければならない人は僕だけじゃないはず。でもどんなに大変でも、気が狂いそうになっても、僕はマーケターも営業も新たに雇うことなく、年間経常収益で数百万ドルを上げた。この橋渡し的役割のアポインターを活用することで、歩合給の高い営業に電話をかけさせるのではなく、売り込みに専念してもらう利点を詳しく説明しているのが、アーロン・ロス著『Predictable Revenue』（未邦訳、予測可能な収益）だ。

Salesforce.comにおけるインサイドセールスをこれと同じ手法で拡大し、年1億ドルのチャネルに育て上げた様子がよくわかる。

自分は営業専任だから、マーケティングもアポとりも関係ない、という人は、この第2部はすっ飛ばして第3部へどうぞ。新旧の見込客を質のいいアポに転じるための青写真が必要な人は、このまま読み進めてほしい。

せっかくの見込客も、体系的かつ戦略的かつ再現可能なやり方で対応したりフォローアップしたりしなければ、意味がない。見込客の獲得に大金を投じておきながら、その後のコンバージョンに、時間もお金も人員も同じように投資しないなんて、僕には考えられないことだ。

第1部のポイントが、需要は満たすより生み出すほうがはるかに重要、とすれば、この第2部のポイントは、リードジェネレーションよりアポ獲得のほうがはるかに重要、となる。

アポがとれて初めて、成約（第3部）という最終目的に一歩近づけるのだ。

迅速さ＋粘り強さ＋スクリプト＝高いコンバージョン率

ネットでのリードジェネレーションもコンバージョンも、ごく新しいものだから、コンバージョンに関する一番のアドバイスは、とにかく対応の迅速さ、になる（図6・3）。

それから、フォローを何度でも試みる粘り強さも重要だ（図6・4）。

つまり、「迅速さ」と「粘り強さ」（そして第3部のスクリプト活用）がそろった営業こそ、コンバージョンコードを読み解く唯一の方法ということ。

見込客のフォローアップに関しては、ギャスパー・ノエ監督の映画『アレックス』に出てくるセリフ、「時はあらゆるものを破壊する」をとにかく思い出してほしい（そして絶対に忘れないように）。見込客をコンバートできるかどうかは、相手に「すばやく」コンタクトをとれるかどうかにもろにかかっているのだ。

実際、5分以内にコンタクトをとれば、30分後にとった場合とくらべて、コンバージョンできる確率が100倍も高まるのだ。さらに、電話をかける回数も、1回だけではなく6回かけることで、コンタクトできる割合が48％から93％にアップする。初日に1回かけて、2回めは翌日にかけているようじゃダメ。1回かけてダメなら、その1分後、次は10分後、30分後、3時間後、それから翌日またかけてみる。電話をかけている企業の中央値は3時間ほどたってからで、47％は一度も電話をかけていない。これで、見込客の「質が悪い」と文句ばかり言っているのだ。

電話をかけるのに最適な時間帯や曜日を知っておくと便利だ（図6・5）。コンバージョンさせるために電話をかける最適な時間帯は、午前8～10時と午後4～6時。水曜と木曜が、相手を捕まえられる可能性が一番大きい。もっともな話だ。仕事に集中する前、あるいはそろそろ片づけ始める頃なら電話で捕まえやすい。さらに、週明けの月曜や週末に入る金曜よりも、週半ばのほうが可能性が高くなる。基本的には、週半ばの通勤時間帯と帰宅時間帯が狙いどきだ！

でも、本音を言えば、一日中、毎日毎日電話をかけてくれる人員がいるのが理想的。そういつもいつも電話ばかりかけていられない、という場合は、電話をかける時間を予定に組み込む際に細心の注意を払うように。残念ながら、朝8時に仕事を開始することは絶対にないのに、夕方4時には切り上げる営業がすごく多い。

迅速かつ頻繁に電話をかける（CRMに新たに入ってくる全見込客を対象にしたアクションプランとして、リマインダーを設定しておくといい）以外にも、メールやショートメッセージの自動送信も活用して、コンバージョン率をなるべく高めるようにしよう。

メールよりショートメッセージ

僕は、電話番号を記入してもらうランディングページで新たな見込客が獲得できると、その

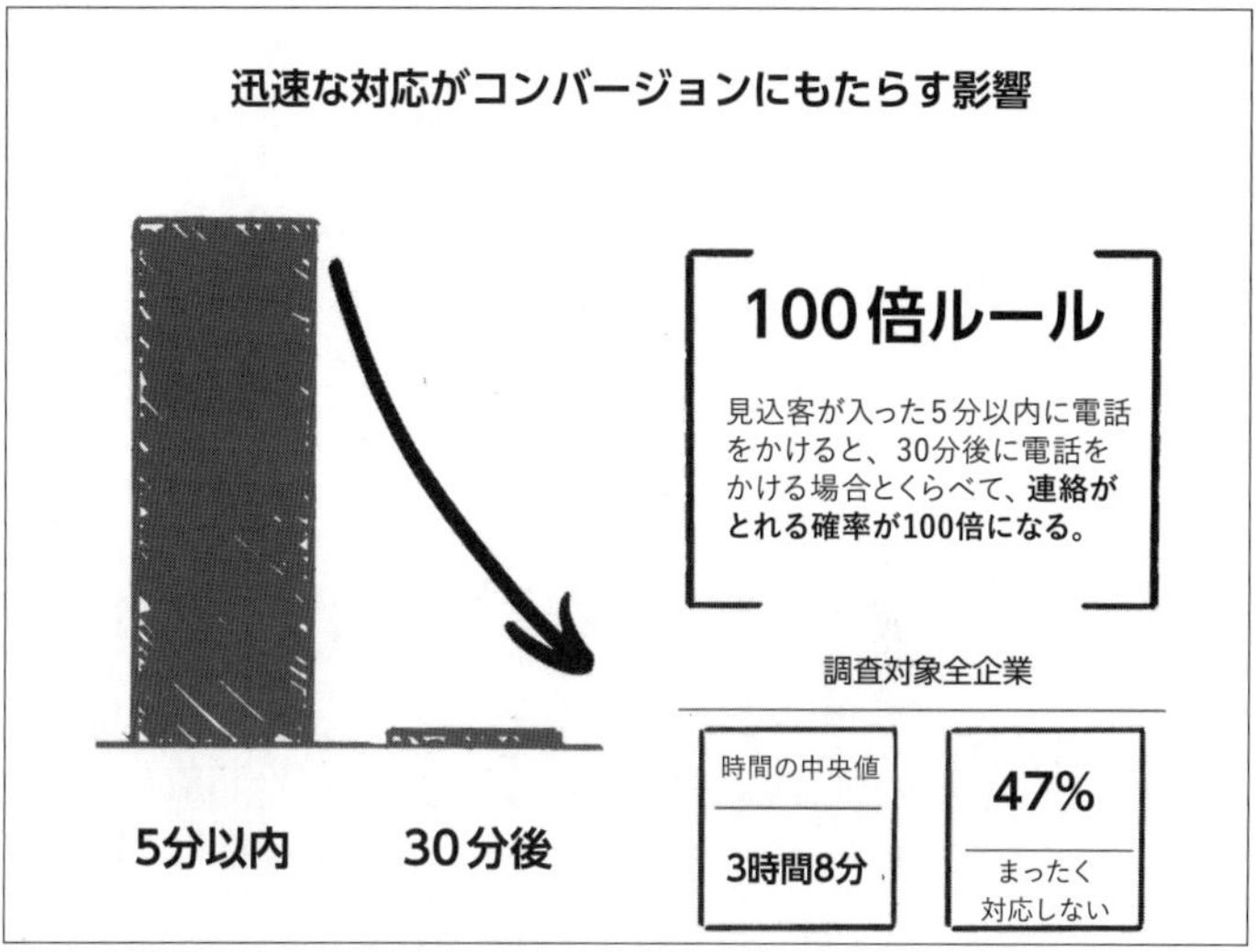

図 6.3　迅速な対応がコンバージョンにもたらす影響

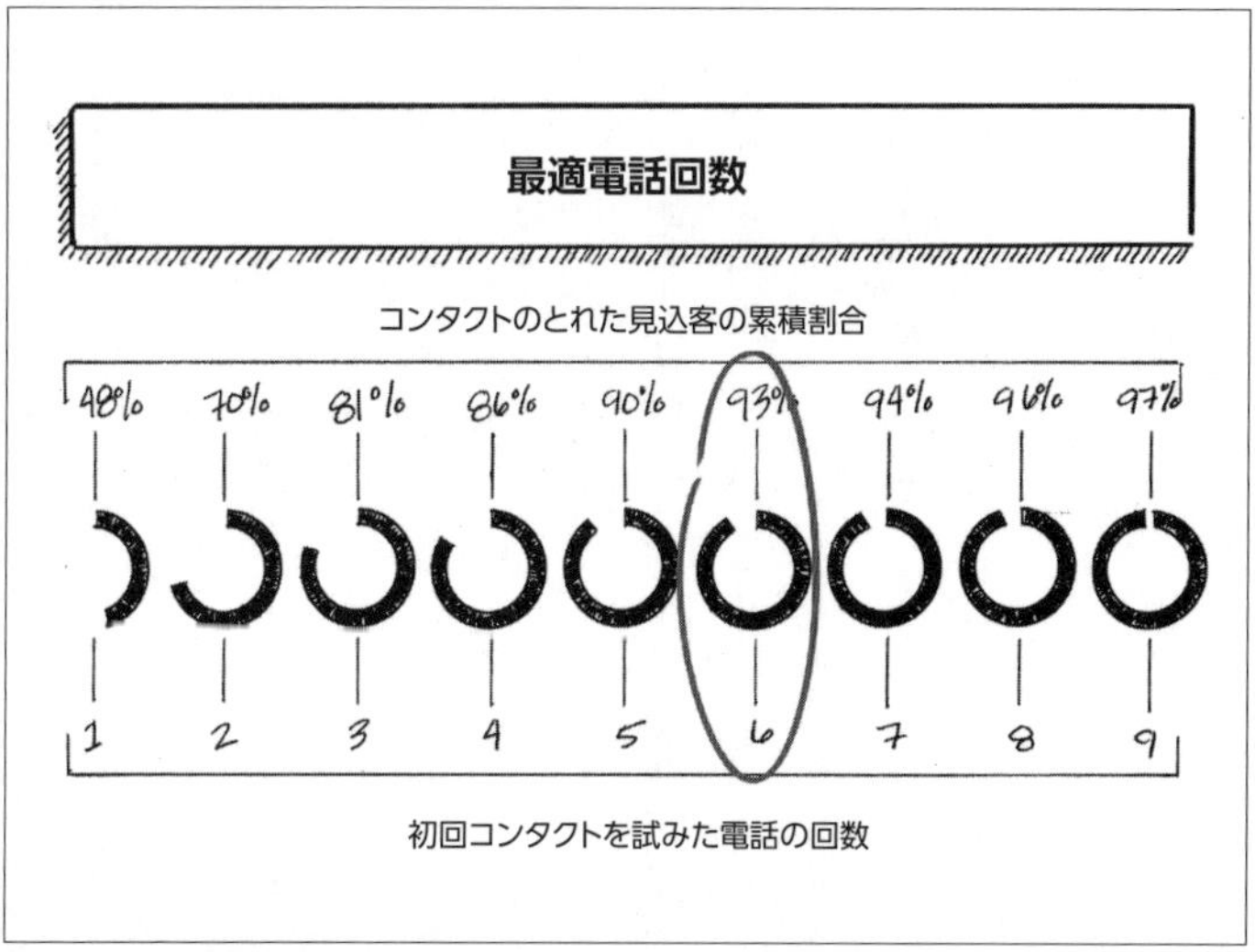

図 6.4　最適な電話回数

人にマージコード入りショートメッセージが自動送信されるように設定している。こんなメッセージだ。「○○さん、こんにちは。○○でご登録いただきました。いまお話しできますか?」。このショートメッセージに対する返信のほうが、ドリップメールの第1弾を開封してもらえるより多いのは、やはり迅速さが重要だから。それに、パーソナライズも重要だし、ショートメッセージと比べたら、メールは受信箱があふれ気味だからというのもある。

僕たちが使っているCRMのFollow Up Bossは、ショートメッセージを自動送信してくれる(それにドリップメールも)。ほかにも、Twilio、BetterVoice、SendHubといったツールが、適切なショートメッセージ(それに一斉ショートメッセージ)自動送信機能を備えている。

ショートメッセージを活用して有望な見込客のアポをとる方法はほかにもある。見込客を10件とか20件単位でひとつのリストにまとめて、今日電話で話ができるかどうかを尋ねるメッセージを一斉送信するのだ(SendHubなら、25件未満の一斉送信には「オプトアウト」の選択肢を入れなくてもかまわない)。「○○さん、こんにちは。キュレーター社のクリスです。ちょっとお話しできますか?」。たったこれだけのメッセージで、どんどん返信が入ってくる。もちろん、有望な見込客に的を絞って送る必要はある。メールを開いてクリックしてくれたり、つい最近サイトを見てくれたりした人たちに送るわけだ。

ショートメッセージを自動的に一斉送信することで、新しく有望な見込客のコンバージョンにつなげる手法は、まだ十分に活用されていない。だから絶好のチャンスだ。

効果的なメール

電話もかけた、ショートメッセージも送った、だからといって、新しい見込客が入ってきたときに、メールを自動送信しない手はない。一番最初のメッセージは特に重要。こちらから送るもののなかで、開封率が一番高いのだから。なのに、「お問い合わせありがとうございます。またご連絡させていただきます」みたいなメールを送って、この決定的チャンスをふいにしてしまっている企業がなんと多いことか。こんなメールをもらった相手が感激したり返信したりするとでも思っているのだろうか。

そうじゃなく、ドリップメールの第1弾は、もっと心がこもっていて、返信を要するような、しかもお決まりのパターンじゃないメッセージをよく練る必要がある。たとえば「たったいまZillowよりご登録情報をいただきました。いまお話しできますか?」「弊社ウェブサイトにご記入いただきありがとうございます。記入するのはちょっと勇気がいる場合もあるかと思います。いまお話しできますか?」など。

ドリップメールでコンバージョンさせようなんて思わないこと。やりとりのきっかけづくりだと思えばいい。いずれにしても、結局はコンバージョンによりすばやくつながることになる。成約につながるのはやりとりであって、ドリップメールそのものではないからだ。

ドリップメール第1弾のメッセージ以外にも、間隔をおいて、順次、戦略的に送信するメールの内容をいくつか用意しておこう。僕は、新しい見込客には自動メールをその日とその翌日、そして4日めと7日めに送信するよう設定している。つまり、最初の1週間でフォローアップメールを4回送るわけだ。フォローアップを1度もしたことがない企業も多いけど。しかも、僕が送るメールはわかりやすい上に心がこもっているから、相手も感情を持った人間である以上、返信してもらえることが多い。想像してみてほしい。見込客を獲得し、おまけに、最初の自動送信メールに返信してもらえるなんて、最高の気分だ。残念ながら、一番効果的な間隔、といったものはない。でも、日にちがたつにつれて、開封率もクリックスルー率も下がっていくことを肝に命じておこう。

実際、メール開封率は日にちがたつと急速に下がってくる。だから、次章でも説明するように、6カ月が過ぎたら、僕はドリップメールも自動メールも一切送っていない。6カ月後たったら、なにもかもまったく新たにリアルタイムで仕切り直している。

新しい見込客に対するキャンペーン全体に使える（あるいは、古い見込客全員に一斉送信する）手堅いものとして、「ちょっとご挨拶」メールがある。僕たちが使っているすごく効果的なの

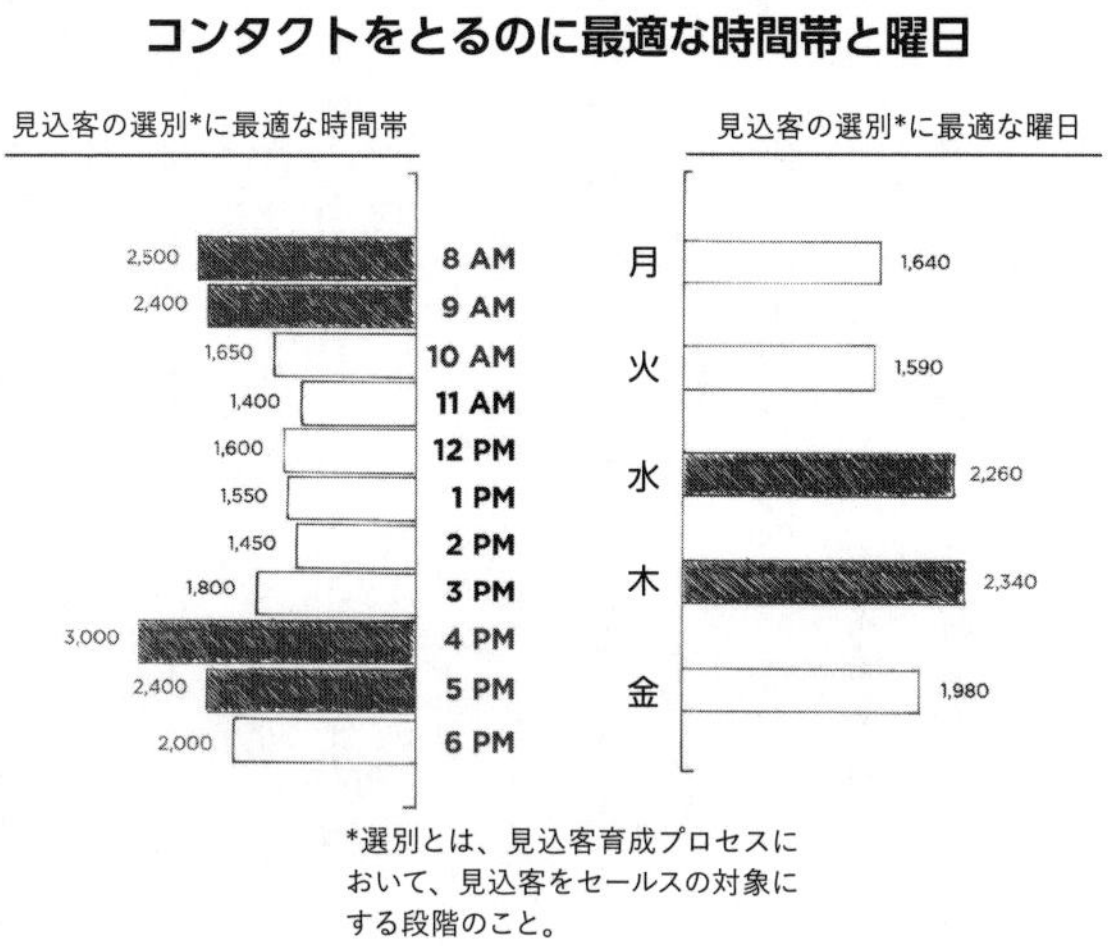

図6.5　コンタクトをとるのに最適な時間帯と曜日

がこれだ。

件名　ちょっとご挨拶まで
本文　なにかお役に立てることがあればと思い、ちょっとご挨拶まで。

たったこれだけ。まじで。相手に好印象を与えようと、もっと長いメールを何時間もかけて練ったこともある。でも、わかりやすくてやりとりのきっかけになる、このちょっとしたアプローチのほうが、断然効果的なのだ。

ちょっとアドバイス。見込客の氏名その他の情報が手元にあるなら、マージコードを活用しよう。メールの件名やショートメッセージにも組み込めるから、たとえ自動生成メッセージであっても、受け取った人は個人宛てのように感じる。たとえば、不動産業者が受け取る住宅価格査定依頼のメールに相手の住所が添えられていたら、その住所をマージして「件名、〔住所〕の住宅価格」と返信できる。相手の名前しかわからなくても「クリスさん、この最新の価格表をご覧ください」と返信すればいい。こんなふうにパーソナライズすることで、開封率、クリック率、返信率がぐんとアップすることはデータを見ても明らかだ。

電話、ショートメッセージ、メールの「集中砲火」で、できるだけ高い確率でコンタクトがとれるはず。いずれも、単独プレーヤーとしてではなく、ひとつのまとまったチームと考えるといい。ありがたいことに、メールとショートメッセージは自動送信できる。電話をかける場合も、相手が出なければ、ショートメッセージを送る。あるいは、メールを送信したあとで、その旨をショートメッセージで知らせる。次章で説明するように、一斉メール送信後に、エンゲージ度が高い人たちに電話をかける、などが考えられる。

理想を言えば、見込客が入ってきたら即、電話できるのがベストだ。電話に出てもらえるだろうし、成約にもつながりやすい。でも、現実は理想とかけ離れている。だからこそ、迅速さ、粘り強さ、さまざまなチャネルでのフォローアップ（それと、相手が電話に出た場合は、第3部で説明するスクリプト）に集中することで、できるだけ高いコンバージョン率を確保するのだ。

第7章

古い見込客を有望アポに転じる

ネット対策は見込客さえ増やせばいい、と思われがちだ。見込客をなんとかしてファネルに流し込み続けさえすれば、中間（アポとり）と下方（営業）はどうにかなる、というわけだ。まあ、せいぜいがんばって。見込客をアポに転じるには、獲得するときと少なくとも同じくらい、目的と戦略が必要なのだ。

ありがたいことに、古い見込客も購入してくれる。本当だ。事実、僕はどんなメールリスト（たとえば、あなたがこれから増やそうとしている、その手持ちのリスト）からでも、数件のアポをとり、売上に即つなげることができる。まだコンバージョンしていないのは相手のせいじゃない。あなたのせいだ。この章を最後まで読んだら、もうどんな言い訳も一切通用しない。確実に蘇《よみがえ》らせる方法があるのに、何百何千という見込客がじわじわ息絶えていくのを見殺しにするなんて、とんでもないことだ。

目の前の1円玉（新見込客）を拾おうとして、足元の5円玉（既存見込客）を踏みつけているようではダメだ。これまでなにをやってみても一切反応がなかった（あるいはなにもしようとしなかった）古い見込客のデータ（少なくともメールアドレス）があるのなら、一斉メールをうまくおこなうことで、まとまったアポがとれるはず。いますぐにでも送れるメールをこのあと紹介する。古い見込客全員に一斉送信すれば、ほぼ確実に（しかもたちまち）そのうちの数件が息を吹き返し、有望アポに転じるようになる。

ただし、ひとつ取り決めがある。このメールには、いかなる種類のHTMLメールテンプレートも一切使わないことを約束してほしい。友人や同僚にGメールやスマートフォンで送るような、ごく普通の従来形式のメールじゃないとダメなのだ。ちょっとした署名を入れて見栄えをよくするのはかまわない。洗練されたテンプレートは、とにかくこの場合のメールに向かない、ということ。

もっといいのは、このコンバージョンコードを読み解こうと思うなら、メールを開いた瞬間に広告だとわかるようなものは一斉送信しない、と肝に銘じておくことだ。デザインを排除したメールにする考え方は、新たな見込客が入ってきた瞬間に自動送信されるドリップメール（前章参照）にも当てはまる。

人の注意が持続するのは8秒間、という例の調査を覚えているだろうか。まあ僕なら、受信箱に入っているメールを見て「広告」かどうか1秒でわかるし、そうであれば目もくれない。返信なんか絶対にしない。メールのフォーマットでわかるのだ。あなたも同じじゃないだろうか。

適切な画像やリンク、会社のロゴ入り署名を一斉送信メールに入れるな、と言っているわけじゃない。でも、最近のターゲット（訳注・米大型ディスカウントストア）の広告みたいな派手なメールテンプレートを使うことには反対だ。やりとりのきっかけになるどころか、かえって逆効果。やりとりが顧客づくりにつながるのだ。ひどいデザインのメールマガジンを毎月送りつけられて、やりとりしたいと思う人なんているだろうか。

第1章でデザインの重要性をさんざん説明しておきながら、この章ではデザインの優れたメールテンプレートの利用を勧めないなんて、おかしいじゃないか、と思われるかもしれない。そうじゃないのだ。第1章では、サイトを訪れてくれる未知の人にどうやって信用してもらうか、の説明だった。この章は、獲得してすでにメールリストに入っている人にどうやって信用してもらうか、なのだ。メールは自社サイトのミニ広告ではない。ほかにもっといいやり方がある。

それがこのメールサンプルだ。古い見込客にいますぐ一斉送信し、アポとりにつなげよう。うまくいったら、メールで僕に知らせてもらえたらうれしい（Chris@Curaytor.com）。

件名　ちょっとお尋ねします
本文　〔あなたが販売しているものをここに挿入〕の購入をいまもご検討中ですか？

これだけだ。まじで。まさか、画期的な内容や大文豪並みの文章を期待していたわけじゃないよね。あなたがこれまでに送ってきたメールより効果があるはず。理由は山ほどあるけど、なんといっても、相手の時間をムダにしないし、ノーならノーと言いやすい。なにを書けばいいかよくわかっていないときは、ついだらだらと書いてしまいがち。「この手紙が長くなってしまったのは、短い手紙を書く時間がなかったからなのです」をメールでおこなっている人が多いのだ。この有名なことばは、1657年にブレイズ・パスカルがしたためた手紙の一文だ（マーク・トウェインのことばだとよく勘違いされるけど）。

このメールを送る前に手を入れるのは、〔あなたが販売しているものをここに挿入〕のところに売りものを挿入するのと、「購入」という表現だけ。それも、ビジネスモデルによって、「ご契約」や「ご依頼」のほうが意味が通る場合だけだ。僕の場合なら「キュレーター社とのご契約をいまもご検討中ですか」、住宅ローンを販売しているなら「ローンの借り換えをいまもご検討中でしょうか」、ケータリング会社のオーナーなら、「ケータリングサービスをいまもお探しでしょうか」。

これと似たような線で僕たちがコールドリード宛に送信しているメールにも、非常に効果的なのがある。件名「ちょっとご挨拶まで」、本文「なにかお役に立てることがあればと思い、ちょっとご挨拶まで」とこれだけだ。

まじめな話、もっといろいろ書き加えたくなる気持ちを抑えないといけない。難しいのはわかっている。どうにかしたいと思ってこんなふうに書きたくなるのはわかる。「キュレーター社とのご契約をまだご検討中でしょうか。お客様にご満足いただいている弊社のソフトウエアは大好評で、Inc.マガジンでも取り上げられました。フェイスブック広告、メールマーケティング、マーケティングオートメーションを通じて、貴社のさらなる成長のお役に立てることをぜひお話させていただければ云々《うんぬん》……」。でもダメなのだ。

見込客をコンバージョンさせたいなら「少ないほうがより効果的」のこのやり方は、2009年に「魔法の極短メール」を提唱したディーン・ジャクソンというマーケターの発案、と言っていいだろう。ディーンは、メールの件名に相手の名前を入れて「リサさん、こんにちは」とするか、いっそ「ボブさん」と名前だけでもいいと言う。一度に1通ずつメールを送るなら、相手の名前を入れるくらい朝飯前だ。

残念ながら、相当数のメールリストを抱えていても、そのすべてに名前のデータが含まれているとは限らない。名前とメールアドレスが含まれているリストなら、メールの件名に相手の名前をマージして「リサさん、こんにちは」とパーソナライズするのも一挙に可能になる。

それでもやはり断りメールがたくさん返ってくることを、すでに心配している人もいるだろう。そんなの気にしていたらダメだ。面白がるぐらいの気持ちでやらなければ。それに、もうメールを送ってこないでくれ、と言っている相手や、買うつもりはないと単刀直入に言ってきている相手にフォローアップメールを送り続けても意味がない。買う気はない、とわざわざ返信してくれる相手はそれ以上追いかけないほうがいい。

このやり方で古い見込客を何人か怒らせたしても、もう完全に切れていると思っていた大量の見込客から「はい、まだ検討しています。ご連絡ありがとう！」と数十件でも返信してもらえるなら、そのくらいの代償はなんてことない。見込客は簡単に増やせることがわかっていれば、なおさらだ。

古い見込客をもうため込まない

こんなふうにリストへの揺さぶりを、古い見込客がたまってくるたびに半ば定期的に繰り返してもいいけど、売上につなげたいなら、古い見込客に毎月メールで送るコンテンツを工夫すべきだ。僕は、第6章で説明した最初のマーケティング・オートメーション・キャンペーンがひととおり終わった時点で6カ月以上たっている古い見込客には「ドリップメールを送らない」ことにしている。何カ月も、あるいは何年も前にメールを用意しておいたり、見込客データを長期メールキャンペーンに組み込んだりするのではなく、毎月少なくとも2、3時間は割き、いろいろ調べて書いた「リアルタイム」メールを送るほうがいい。

毎月送るメールの「新鮮」なネタ探しに使える簡単な方法がある。Buzzsumo.comをキーワード、ソース、トピックでちょっと検索すると、それにマッチした、オンラインで一番多くシェアされている記事が表示される。

あるとき、クライアントである不動産業者のデータベースに入っている見込客へのメールマガジンのために、ちょっと下調べをしていた。「不動産」で検索し、BuzzSumoのトップに表示されたのは、「she shed（女の小屋）」についての記事だった。この記事はすでにフェイスブックで何百万とシェアされていた。僕には聞きなれないことばだったけど、これだけたくさんシェアされているなら、このソースを利用しても問題なさそうだと思った。このトピックをメールで即送れば、「女の小屋」（要するに「男の隠れ家」の女性版）への関心を僕たちがまっさきに高めることになるはずだ。そして、僕たちがクライアントの代行で送信しているこのメールへの返信、という形で反応があるはずだと考えた。狙いどおり、大当たりだった。クライアントの元に、大量の返信が届いたのだ（その多くが「わたしも女の小屋がほしい！　ところで、家を売りたいので連絡もらえますか」という内容だった）。その後まもなく、「女の小屋」に関するニュースをよく目にするようになったし、僕たちのことが主要メディアで取り上げられたりするようになった。

見込客へのマーケティングだからといって、ありきたりで退屈な内容のメールを送る必要はない。単なる宣伝メッセージを送るのではなく、関連性のある話題やちょっとした情報を見つければ、ちゃんと読んでもらえたり楽しみにしてもらえるようなフォローアップメールを上手く組み立てられるはず。それが、開封率、クリックスルー率、購読解除率、返信率、すべてに跳ね返ってくるのだ！

よく調べて書いた一斉メールを送る際、僕は毎回、そのメールが次の3つのいずれか（あるいは複数）に当てはまるように気をつけている。

1　ためになるか　受け取った人の役に立ち、ありがとうと返信してもらえるような内容か。
2　楽しいか　受け取った人が笑顔になり、ありがとうと返信してもらえるような内容か。
3　やりとりにつながるか　こちらの投げかけに対し、返信したくなるような内容か。

何度も繰り返すけど、やりとりが顧客づくりにつながるのだ。僕は、依頼されている企業から、それ以前に送っていたメールを見せてもらう機会が多い。どの企業にも共通して見られる一番の失敗は、メールの最後を問いかけにしていないことだ。メールを受け取った相手の多くは、なにを送っても返信してこない。それでも、具体的な問いかけをせずに終わっているメールでは、自社にも相手にもやりとりのまともなチャンスすら与えていないことになるのだ。宣伝する必要はない。問いかけるだけでいい。先ほどの「女の小屋」のメールは、締めくくりで「わたしもこういうのがほしくなりました！　あなたは？」と問いかけただけ。自分だけのスペースがほしい人なら、答えずにはいられないだろうし、このメールリストの女性たちなら「もちろん、ほしいに決まってる！」と返信してくるに違いないと思った。僕たちの勘はどちらも正しかった。でも、この問いかけがなければ、メールの質にかかわらず、返信はごくわずかだっただろう。新しい見込客のフォローアップメールのときと、考え方は同じなのだ。端的。問いかけ。これだけでいい。

ほかにも、メールのネタ探しに便利なのが自社のブログだ。定期的に更新しているなら、そのなかのベスト記事を選んでメールで一斉送信し、ブログ（あるいは動画やポッドキャスト）へのリンクを入れるようにすれば、メール送信の頻度を上げやすくなる。送りすぎになるのでは、とよく訊かれるけど、それはブログの記事の質による。ためになる良質な記事を投稿したら、できるだけ多くの人に読んでもらいたいはず。なんてことない記事なら、潔く認めて、わざわざメールで知らせることはない。BuzzSumoで見つけた話題にしたって、なんでもかんでもメールに書くわけじゃない。一番シェアされている最適な話題だけだ。オリジナルコンテンツの場合もこれと同じ。一斉メールで知らせる相手は、ブログの最初の読者、しかも一番頻繁に読んでくれる読者かもしれない、ということを忘れないように。

ちょっとアドバイス。数カ月前からメールを準備する必要はないけど、リマインダーはいますぐ設定しておいたほうがいい。「メールマーケティング」や「見込客フォローアップ電話」を忘れずにおこなうようにするためだ。だれだって最初はやる気満々だ。僕がここまで紹介してきたことを、いますぐにでも実行する気になってくれていると思う。でも、毎週欠かさず、少なくとも毎月欠かさず、言われなくても長期にわたって実行していけるだろうか。お勧めしたようなメールを送って効果が出ると、メールを書く時間がぐんと楽しくなる。

さあこれで、古い見込客にすぐに送れるメールのひな型も、長期戦略も、ご理解いただけたと思う。あとふたつだけお伝えしておきたい。まだやったことがないはずだ。いま説明したばかりのメールのアイデアと組み合わせれば、コンバージョン率をさらに高めることができる。

とにかく電話をかける

せっかくメールを送っても、フォローアップの電話をしなければ、コンバージョンコードを読み解くことにはつながらない。幸い、MailChimp、AWeber、Constant Contactといった数多のマスメールマーケティングツールには、少なくとも基本的機能が備わっているから、メールを開封した人、メールにあるリンクをクリックした人がわかるようになっている。

たとえば、端的なメールを戦略的に、毎月あるいは毎週、火曜午後2時に一斉送信しているなら、その日の午後2時以降と翌水曜の午前中は、メールを開封した人に片っ端から電話をかけて、第3部で説明するスクリプトを使って話をする。見込客が多すぎて、メールを開封した人が何百、何千といるから、全員に電話をかけるなんてムリ、という場合は、開封かつクリックした人に絞ればいい。

前にも言ったけど、メールの平均クリックスルー率はだいたい5%未満。つまり、1000人にメールを送り、クリックしてもらえるのは50人だけだから、電話をかけるのは訳ないはず。5000人に送ったとしても、電話をかける相手は250人。優秀なインサイドセールスなら、ひとりで2、3日もあれば可能。それに、リストの数が多いほど、開封やクリックを何度かする人の数もそれだけ増える！　開封やクリックの回数でリストをソートするように。同じメールを2度3度どころか、10回以上も開いている人が多いことにはいつも驚かされている。そういう人に飛びつくのだ。

つい最近エンゲージメントがあった古いネット見込客に電話をかける場合、やりとりがはるかにスムーズにいくことに驚くかもしれない。しかも、そうなるとわかっていれば、自信を持ってよりよいやりとりができる。相手は、電話してくれ、製品、サービスに関する質問に答えてくれ、と「挙手」して知らせているのだ。

優秀な営業は、古いネット見込客に対しても、新しい見込客に対するのとまったく同じ熱意で話しかける。もっともな話だ。僕にとっては、見込客がファネル入りしたのが14カ月前だろうが4カ月前だろうが、まったく関係ない。「キュレーター社と契約すれば500ドル節約できます」「やり手不動産業者のためのフェイスブック活用アドバイス」といった件名でメールを送り、開封されたとわかれば即、電話攻めにしている。

ユーザートラッキング

電話をかける価値があるかどうか、相手の行動から判断する方法として、ユーザートラッキング・ソフトウエアをサイトやランディングページにインストールするのもひとつ。Woopra、Mixpanel、Intercomといったツールを使えば、データベース中のだれがサイトを閲覧しているか、どのページを見ているか、滞在時間はどのくらいか、といったことがわかる。さらに、あらかじめ設定しておけば、あなたと相手の双方にリアルタイムのお知らせを表示することもできる。

つまり、メールを開封したりリンクをクリックしたりした人以外にも電話をかけられるってこと。クリック先のページに5分以上滞在し、会社概要やお客様の声のページを見ている人にも電話できるわけだ。コンバージョンやセールスツールとしてのユーザートラッキングツールを僕はかなり有望視しているから、キュレーター社のプラットフォームに組み込んで、さらなる効果を上げるべく改善し続けている。見込客に電話をかけると、いきなり「いまちょうど、そちらのサイト（あるいはデモ動画）を見ていたところです。でもそんなことは先刻お見通しなんでしょうね。いやまったく、あなたがたはすごいですね！」なんて言ってもらえるのは実に愉快だ。

サイトにちょっとした仕掛けをしておいて、メッセージを自動送信させることもできる。サイトを再訪してXをした人には、Yというメールが送信されるよう設定できるのだ。サイト上の相手の行動（あるいは無行動）に基づいて、送信されるメールの内容が決まる。Mixpanelなら、「お客様の声」のページを見た人には、そこに掲載されていないほかの声を即メールする、録画済みのウェブセミナーを観ている人には、次回のライブウェブセミナーの案内をメールする、など、チャンスはまさに無限。いますぐ紙とペンを用意し、よく考えた仕掛けとメッセージ内容を書き出してみよう。それをユーザートラッキングソフトウエアに設定すれば、相手が「仕掛け」にかかるたびに何度でも繰り返し作動してくれる。

アマゾンのサイトを訪れたけど特になにも買わずにいたら、見計らった頃に、チェックした商品の案内メールが届いた、という経験がないだろうか。これも、いま説明したのとまったく同じことなのだ。

1週間後に電話をするとか、見込客全員にまったく同じ内容のメールを一斉送信したら電話をする、といったリマインダー設定だけでは、テクノロジーの持ち腐れ。時間やデータに基づいたフォローアップからさらに進んで、相手の行動ベースのフォローアップを考え始めるべきだ。

ユーザートラッキングツールを使ってメッセージ送信を作動させることで、サイトがちょっとした『きみならどうする?』状態になる。僕のサイトをチェックしている人なら、僕からのメールがもっと届いたってかまわないし、電話してくれたらもっといい！と思っている可能性が高い。反対もしかり。僕のサイトを何カ月もチェックしていない人には、「魔法の極短メール」送信が作動してもいい頃だ。

フォローアップツールとしての広告

フェイスブックを活用する第4章でも説明したように、コンテンツ、コンバージョン、そしてクロージングにつながるメッセージでリターゲティングするのは、メール、ショートメッセージ、電話以外で、見込客に存在感を示す効果的かつ新たな手法のひとつだ。見込客が獲得できれば、広告キャンペーンの「役目は終わった」と考えている企業の多さにはあきれてしまう。CRMに見込客データがあるからといって、その人たちにはもう広告表示すべきじゃない、とはならない。相手は顧客データベースに入っていて、メールアドレスもわかっているのだから、次はどんな広告を表示させるか、いろいろ工夫する余地がある。

新たにオファーするときも、再度オプトインしてもらうのをためらわないように。一斉メールやリターゲティング広告でサイト訪問を促すだけでなく、ランディングページにもまた送り直して、もう一度登録してもらうのだ。僕の顧客データベースには、さまざまなオファーをするたびにオプトインをそれこそ十数回もしてから、「効果のあった」ものがうまく作動して購入にいたった人たちがいる。古いネット見込客を、黒ラブラドール並みの粘り強さで追跡し続けることがとても重要な理由はここにある。営業担当は新しい見込客に対してしか粘り強さを示さないことが多いけど。

ちょっとアドバイス。フェイスブック(あるいはウェブ)のリターゲティング広告、あるいはドリップメール、一斉メール、トリガーメールに入れたリンクをクリックしてサイトを再訪した人がいたら、電話をかけるよう促す設定をユーザートラッキングツールでしておこう。コンバージョンコードがバランスよく機能しているのがわかるはず。クリックされたら電話、サイトを再訪してくれたら電話だ。

さあ、これで第1部と第2部は終わりだ。ここまでで、ネット見込客を獲得し、質のいいアポをとる方法を説明した。次は、なるべく高い確率で成約してもらうために、電話の相手に何を言うべきかを具体的に説明する。

第3部

成約数をアップする

営業の
コンバージョンコード心構え

偶然で契約はとれない

やりとりが
成約につながる

深掘り
しないなら
寝たほうがまし

責任者
は
自分

ひと言ひと言が重要

#TheConversionCode

第8章

セールス電話は
最初の1分が肝心

営業の勝敗は、「売り込む」前にすでに決まっている。

どの通話も毎回、すぐ主導権をとることがあなたの任務だ。この章では、最初の1分で言うべきことを具体的に説明する。最終的に成約につなげたいなら、どの電話でも最初にすべきことがふたつある（主導権を握ることと、ＡＲＰすること）。

まず、このコンバージョンコードにはコールドコール（訳注・なんのつながりもない相手にセールス電話をかけること）は含まれていないことを念押ししておく。コールドコールは１９８０年代の話。いまや21世紀に入って久しいし、ここ10年でたいていのことはネットで済ませるようになってきている。営業に関わっている人は、ソーシャルメディアに大喜びしているはず。超パーソナルなセールス電話ができれば、圧倒的に有利だからだ。これから電話をかける相手は、どこかの時点で（理想的にはつい最近）個人情報を提供し、連絡を待っている見込客なのだ。まずは、相手を徹底的（かつ合法的）に調べる方法と、そうやって収集した情報を最初の1分で（そして全体を通して）活用する方法を説明する。

ところで、（僕も含めて）営業担当は、「ビッグデータ」とか「ソーシャルセリング」といったことばを耳にすると、すぐそっぽを向きがちだ（おまけにへどが出そうになる）。大企業の経営幹部クラスがやたら口にしたがる小難しいことばみたいだからだ。そこで僕は、「ビッグデータ」とは要するに、大金を稼ぐこと、と考えている。営業担当の関心はお金であって、データじゃない。とはいえ僕も、売り込み前に次のような手法で見込客全員を調べたうえで、トークを超パーソナライズさせているからこそ、成約数も売上も増やせているのは事実だ。ほんと。

というわけで、僕が「データ」と言うときは、電話でもっと売上を上げられるようにする一要素にすぎない。これから説明するのは、僕がソーシャルメディア（主にフェイスブック）、モバイルアプリ、グーグル検索をささっと利用し、あっと言う間に売上につなげている具体的な方法だ。

インターネットとソーシャルメディアのおかげで、見込客を「こっそり調べる」のはかつてないほど簡単だから、そうして得た有益な情報を活用し、高い確率で成約につなげることも簡単。売り込む前の情報収集は、時間もとらないうえに、繰り返し使える。それになんといっても、相手にめちゃくちゃ好印象を与えるから、成約につながりやすい。

この章で説明するのは、「ビッグデータ」の話なんかじゃなく、売り込みトークに有利な情報の話。一発必中の弾みたいなものなのだ！

電話の前に2ステップで相手の「下調べ」をする

あなたが僕にセールス電話をかけることになっていて、商品やサービスを僕に購入してもらおうとしているとしよう。僕の名前はクリス・スミス。嘘《うそ》みたいだけど本名だ。実際、アメリカでよくある氏名の組み合わせの上位に入るかもしれない。つまり、そんな僕に関する情報できちんと集めることができれば、あらゆる人の情報を集められることになる。ここで1点注意すべきは、ランディングページやサイトのフォームに記入してもらう情報はまちまち、ということ。クイックン・ローンズ社では、氏名、電話番号、メールアドレス、住所、支払い中のローンの金利、住宅価格、ローン残高を記入してもらっていた。必ずしも正確な情報とは限らなかったけど、すぐに電話をかけるためにも、相手にきちんと合わせた話をするためにも、欠かせない情報だった。

この本の「はじめに」でも触れたように、見込客が入ってきたら即、電話をかける準備を始めることが不可欠だ。そういうときは、下調べなんかしている場合じゃない。すぐ電話をかけるほうが、情報収集より優先する。だから、ランディングページで詳しい情報をあらかじめ収集しておくことが重要なのだ。

ファッション・ロック社では、氏名、メールアドレス、電話番号、どの分野で有名になりたいか、を記入してもらっていた。キュレーター社では、氏名、電話番号、郵便番号上5桁、1年間に販売した住宅件数、平均販売単価を記入してもらっている。フォームの記入欄が多くなるほど、獲得できる見込客数が減ってしまうのは当然だけど、僕がかかわってきた企業はいずれも、氏名、電話番号、メールアドレス以外の情報も記入してもらっていた。単なる偶然じゃなく、こうした企業の多くが順調にいっているのだから、やり方は間違っていないのだろう。コンバージョン率が下がるとわかっているのに、もっと記入させるのはなぜか。営業が電話をかけるとき、わざわざ下調べなんかしなくても、しっかり話ができるネタが用意できるからだ。

要注意。これから説明するのは、見込客と電話で話す日時があらかじめ予定されている場合に最適な例だ。僕はこういう場合、電話をかける約束の時間の5分前に、これから説明する下調べをしている。何度も言うけど、情報収集より迅速さのほうが重要だから、すばやい対応を犠牲にしてまで下調べするのは間違いだ。

ランディングページと、これからざっと説明する「下調べ」の目的は、相手の具体的な情報（または関心事）を2、3集めておいて、電話でのやりとりに活用することにある。相手に合わせた説得力のある切り出し方をスクリプト化するのが目標だ。さっそく例を見ていこう。

「**スージーさん**、こんにちは。クイックン・ローンズ社のクリス・スミスと申します。**メイン通り123番地**にお持ちの不動産の件でお電話させていただきました。いまお支払いのローンの金利が**6%**、ローン残高が**40万ドル前後**、でいらっしゃいますね」

「**スージーさん**、こんにちは。キュレーター社のクリスです。**郵便番号90210エリア**で当社がお役に立てることがないか、電話でお尋ねしております。去年は**150軒**の住宅を販売され、その平均単価が50万ドルとのこと。すばらしい仕事ぶりですね。おめでとうございます！」

「**スージーさん**、こんにちは。ファッション・ロック社のクリスと言います。**モデル**志望で、現在**ノースカロライナ州シャーロット**にお住まいですね」

「**スージーさん**、こんにちは。リマックス社のクリスと言います。**Zillow**で検索して見つけられた**マディソン通り**の住宅物件の件でお電話させてもらいました。そうです、いま**52万5000ドル**で売りに出ているあの物件です」

どの例も、太字部分がそれぞれ個人の情報で、見込客データが入ってきた瞬間にこちらにわかるようになっている。スクリプトが重要な理由がここにある。相手がオプトインした瞬間に電話をかけ、しかもちゃんとしたプロだと思ってもらいたければ、いま挙げた例のように、すぐに切り出す話し方が必要なのだ。

売り込み準備に時間をかけられるなら、いま説明したことをもっと発展させることもできる。電話をかける日時があらかじめ決まっている場合、僕は事前に次のようなことをしている。

「2ステップ下調べ」その1　まずはグーグル検索を必ずする。といっても、相手の氏名をただ検索するわけじゃない（よっぽど珍しい氏名なら別だけど）。僕の場合、「クリス・スミス」でググったら、完全一致で373万件ヒットしてしまう。ちなみに、図8・1の写真はどちらも僕じゃ

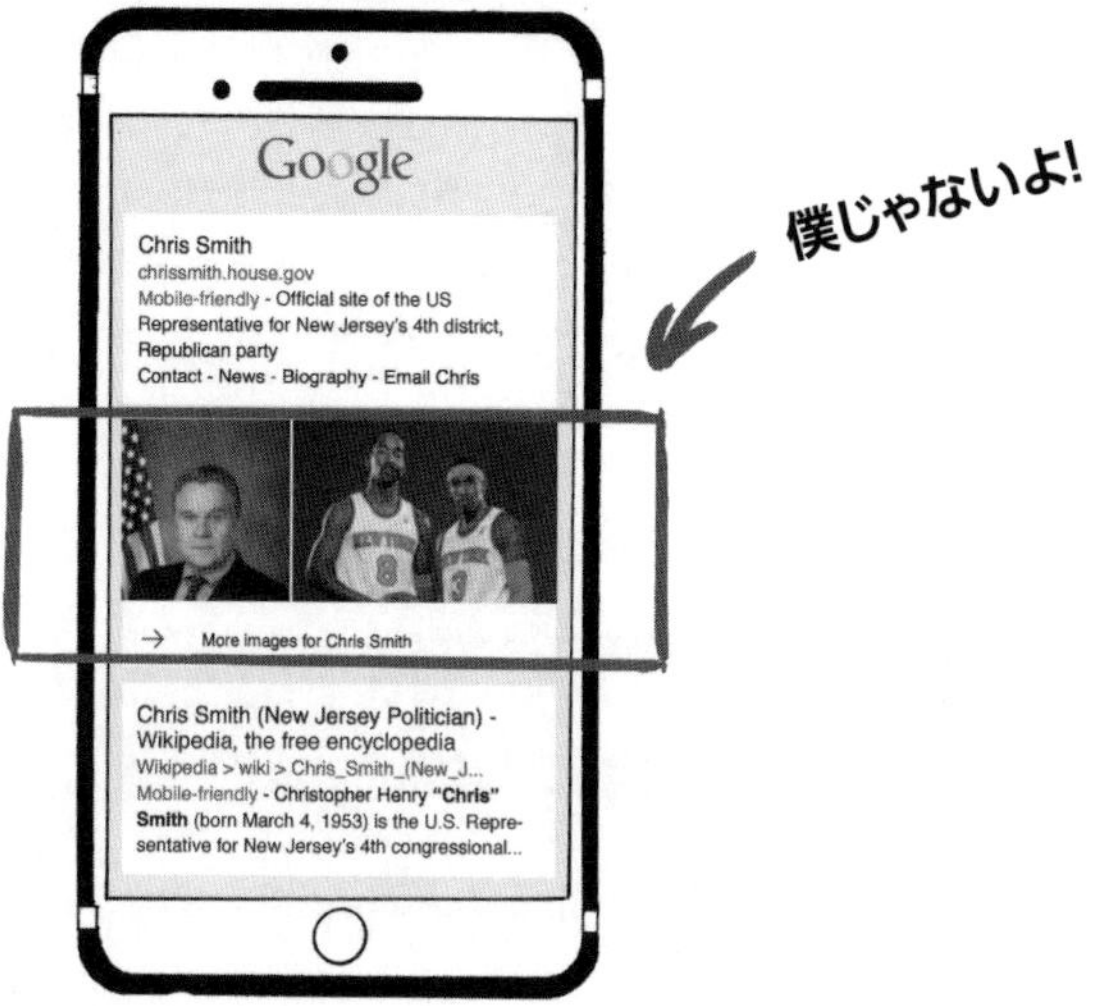

図8.1　僕の氏名だけで検索した結果

ない。いつかNBAでプレーできたらいいな、とは思っていたけどね。

氏名じゃなく、メールアドレスで検索するのだ。「クリス・スミス」の代わりに、Chris@Churaytor.comで検索すると、ヒット数が１万３９００件に減る（今度はほとんど僕のことだ）。僕の会社のサイトはもちろん（電話番号も）、フェイスブックやリンクトインのプロフィール（図8・2）も検索結果に表示されるから、僕のキャリア、関心事、家族といった情報がいろいろ確認できる。

メールアドレスは、ネット上の指紋、あるいはマイナンバーみたいなもの。同姓同名は何百万人といるかもしれないけど、まったく同じメールアドレスの人はいない。

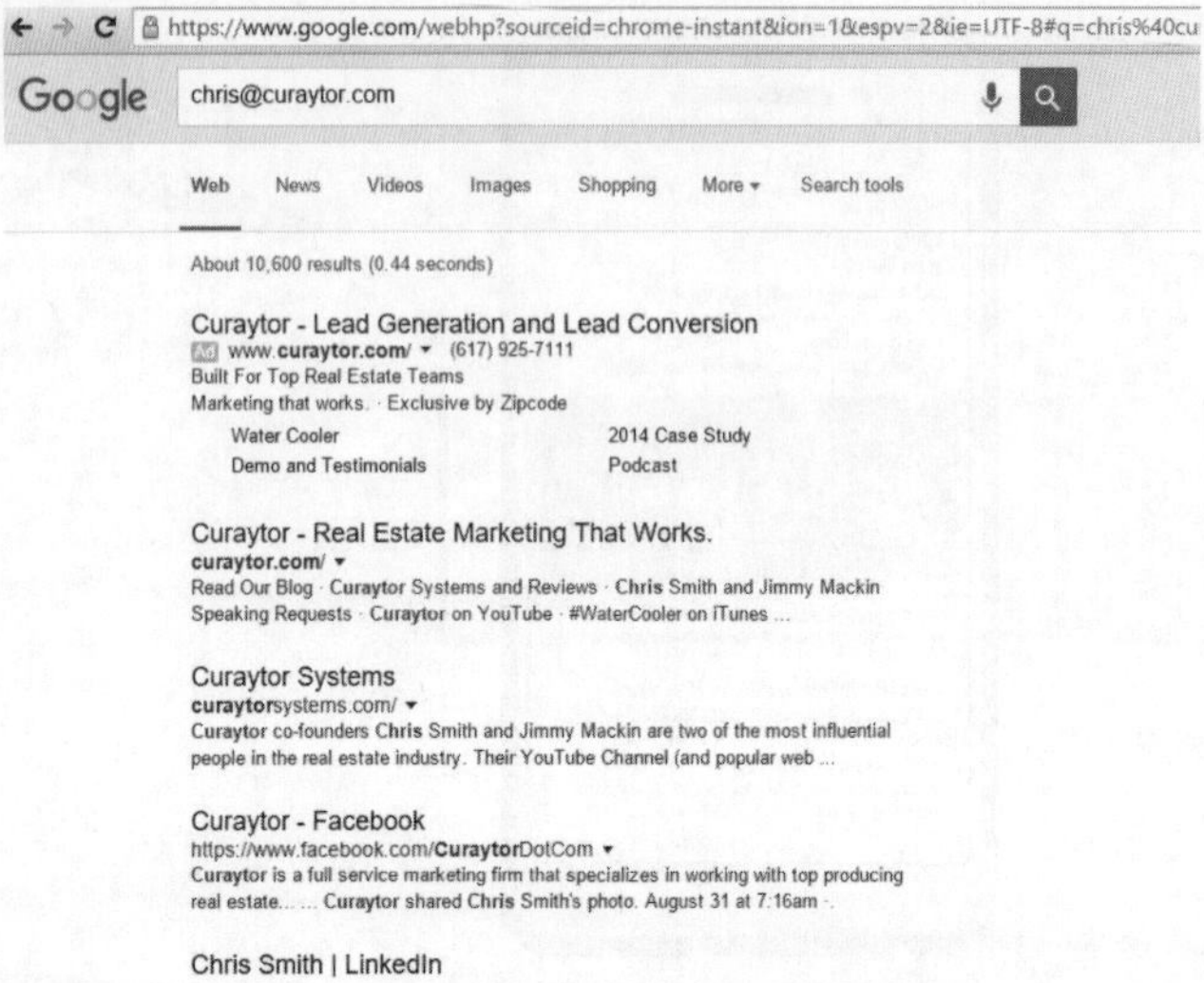

図 8.2　僕のメールアドレス（Chris@Churaytor.com）での検索結果

フェイスブック、ツイッター、リンクトインといったソーシャルメディアで相手を検索するときも、メールアドレスで検索するのがオススメ。みんなメールアドレスで登録しているから、検索結果は1件だけ。何万件もヒットすることはない。

フェイスブックでさっと検索するなら、メールアドレスのほかに電話番号も試すといい。相手が見つかれば、個人情報の詰まった宝箱を開けたも同然。こうした情報が営業するうえですごく力になる。これはインサイドセールスの話だから、フェイスブックで相手を見つけることで、電話の向こうの相手も「生身の人間」なのだと自分に言い聞かせるのにも役立つ。僕は、相手のプロフィール写真を見ながら話をするようにしている。

プロが使っている下調べツール

グーグル検索では必要十分な情報が得られないときに、下調べに使えるプロ仕様のツールがいくつかある。Spokeo、Intelius、Wink、Zabasearch、PeekYouなどが提供している「ビッグデータ」は、セールスにとってすごく役立つ。「ビッグデータ」を活用して見込客プロフィールを自動的に増やしてくれるCRMもいろいろある。

僕がいま気に入って使っているのはCharlieというアプリだ。インストールするとカレンダーと同期して、豊富な情報の「要約」をメールで知らせてくれたり、スマートフォンにプッシュ通知したりしてくれる。

Charlieは僕のカレンダーと同期させているから、予定している電話の10分前に相手の情報の要約が自動的に送られてくる。相手の好きなものや趣味(ちなみに僕に関する情報を見ると、コーヒー、野球、ドラマ『ハウス・オブ・カード 野望の階段』、起業家活動など、どんぴしゃだった)、ソーシャルメディアの最近の更新、ツイッターの共通のつながりなどがわかる。こうした「情報ポイント」が、最初の1分の「やりとりポイント」になる。つまり、これから売り込むものとは関係なく、相手と気持ちよくやりとりして、警戒心を解く絶好の糸口になるわけだ。

「2ステップ下調べ」その2　ステップその1で得た情報をもとに、下調べをちゃんとしてあることが相手に伝わるような（喜ばれること間違いなし）やりとりのポイントや情報を2、3点メモしておく。僕に電話をかけるとすれば、こんなふうに切り出したらどうだろう。

「クリスさん、こんにちは。X社のなになにと申します。昨日のツイートを拝見しました。クリスさんのフェイスブックグループに影響されて、Zillowが実際にある変更をおこなったそうです。すごいですね！　そのグループをちょっとのぞかせてもらったのですが、とてもユニークなコミュニティのようですね。すばらしいお仕事をなさっていますね！　お電話を差し上げたのは、当社の製品に一時、関心をお持ちだったと知ったからです。よろしければ詳しくお聞かせ願えませんか」

この作戦は、相手がブロガーだったり、マスコミやそれなりのサイトに最近取り上げられたりしていれば、さらに効果的になる。見つけた情報が具体的なものであるほど、より具体的に切り出せるからだ。

「クリスさん、こんにちは。ある記事で読んで知ったのですが、キュレーター社の年間経上収益が2年足らずで300万ドルを超えたそうですね。すごいと思いました。わたしもX社でテクノロジーの営業をしているのですが、以前、弊社のサービスにお問い合わせいただいたことがあるのですね」

「クリスさん、こんにちは。あなたとキュレーター社のことをInc.comの記事で読ませてもらいました。すばらしいお仕事をなさっていますね！」

ちゃんと下調べをしたうえで、のっけからうれしいことを言ってくれる相手にノーと言うのはかなり難しい。たとえセールストークであってもだ。どれほど成功している人であっても、キスされる前に、かわいいね、とだれだって言ってもらいたいのだ。

「スクリプト」の出だしには次の4点が含まれていなければならない。

あなた専用の一発必中の4弾

「○○さん、こんにちは。○○社の○○と申します。（①）の件でお電話させていただきました。（②）、（③）、（④）だそうですね。ご機嫌いかがですか？」

こうした「弾」が相手の警戒心を解き、こちらがプロだと感じさせ、こうした情報はほかならぬ自分が提供したものであることに気づかせるわけだ。この「思いもよらぬ」事態に、ほかのコールドコールとは一線を画していることにすぐ気づいてもらえる。

実際、多くの営業はこんな切り出し方をしてしまっている。

「こんにちは。キュレーター社のクリス・スミスと申します。ご機嫌いかがですか?」

「こんにちは。キュレーター社のクリス・スミスと申します。いまお話しできますか?」

超パーソナライズされた情報をスクリプトの最初に入れることで、相手に話すスキを与えず、

「ご機嫌いかがですか?」「いまお話しできますか?」「お忙しい最中だったでしょうか?」と尋ねもしないうちから、話を聞こうという気にさせる。

とはいえ、相手はあくまでもネット見込客であって、知人に紹介されたわけでもすでに取引のある顧客でもないから、こちらは出だしから用心しなければならない。出だしがうまくいったら、次は相手を心理的にコントロールする番だ。条件づけ(あくまでも潜在的に)を開始し、電話を終える頃には、こちらが「買ってください」と言えば、即買ってくれる状態に持っていくわけだ。

簡単なひと言で主導権を握る

では、電話でこう切り出したところだとしよう。

「スージーさん、こんにちは。リマックス社のクリスと言います。Zillowで検索されたマディ

ソン通りの住宅物件の件でお電話させてもらいました。いま52万5000ドルで売りに出ているあの物件です。ご機嫌いかがですか」

この次が肝心要で、しかも毎回、まったく同じでなければならない。うまく「主導権を握る」セリフが見つかったら、それを毎回繰り返したほうがいい。本当だ。僕が次に言うセリフは次のとおり。

「いますぐ紙とペンをご用意いただけますか。ネットでは見つけられない情報をお伝えします。ご用意できましたらお知らせください」

「紙とペンをご用意いただけますか。電話が切れた場合に備えて、わたしの連絡先をお伝えしておきます」

「これからお伝えする情報をぜひメモしてください。紙とペンをご用意いただけますか。ご用意できましたらお知らせください」

相手が用意できたら、次のセリフはこうだ。**「ありがとうございます。僕の携帯番号は555-5555、メールアドレスはChris@Curaytor.comです」**

共通点にお気づきだろうか。なんらかの行動を指示し、実際に行動させることで、こちらが優位な立場に立つわけだ。紙とペンを用意したふりをしたり、運転中だからムリだったりする人も確かにいるだろう。でも、購入を検討しているような人ならたいてい、紙とペンを実際に用意する。もし本当に運転中だったら、「ご心配なく。この電話のあとで、すぐにメールしておきます」と言って、次のステップに移ればいい。

プロの営業は毎回必ず主導権を握っている。相手との関係性を方向づける出だしほど重要なものはない。口調が非常に重要であることも忘れないように。紙とペンの用意をお願いするときは、丁重かつ有無を言わせぬ口調で伝えよう。こう考えるといい。ちょっとしたメモのために紙とペンの用意すらしない人が、20分後に契約してクレジットカード番号を教えてくれるだろうか。主導権を握るこの方法は、購入してくれそうな相手に対してこちらが優位に立つだけじゃなく、購入を真剣に検討している相手かどうかを最初の数秒で見きわめるのにも役立つのだ。

こちらが伝える情報を相手が書きとめたら、次のセリフはいたって簡単。「○○の件でお問い合わせいただいた一番の理由を教えていただけますか」

問題は、バリエーションの違いこそあれ、みんな即座に断ってくること。人は壁をつくることに慣れっこになっている。勧誘電話ならなおのこと。その壁をぶち壊し、血の通った普通のやりとりができるように持っていくのが、営業の役目なのだ。僕の経験から言うと、売り込むものがなんであれ、最初の1分で相手はたいてい次のように言ってくる。

クイックン・ローンズ社でよく言われたセリフは「ローンの金利が知りたいだけ」。

ファッション・ロック社でよく言われたセリフは「どんな仕組みなのか興味があるだけ」。キュレーター社でよく言われるセリフは「費用がどれくらいで、うちの地域でもお願いできるのか知りたいだけ」。

いずれも真意はこうだ。「売り込まれるのはごめんだ。もっと詳しいことがわかってからでないと、買うかどうかなんてわからない」

ありがたいことに、日々聞かされているこうした「壁発言」を見分けるのはいたって簡単。そうとわかれば、完璧な最初の1分間の最後のステップは、ARPという手法を使うことだ。つまり、Aknowledge（認める）、Respond（答える）、Pivot（転じる）だ。

まず、どんなふうに認めるのか例を見ていこう。

「ローンの金利が知りたいだけ」

A（認める）「ローンの金利をお知りになりたいのですね。お安い御用です！」

「どんな仕組みなのか興味があるだけ」

A（認める）「どんな仕組みなのかにご興味がおありなのですね。お安い御用です！」

「費用がどれくらいで、うちの地域でもお願いできるのか知りたいだけ」

A（認める）「費用がどれくらいで、そちらの地域でもご利用いただけるかどうか、ですね。お安い御用です！」

こうして「認める（A）」ことで、ちゃんと話を聞いていることが100％確実に伝わる。コミュニケーションで一番重要なのが身ぶり手ぶりであったことを思い出してほしい。あいにく、電話の相手に身ぶり手ぶりは通用しない。顔を合わせた普通のやりとりなら、なにか訊かれたら、相手の顔を見ながらうなずき、ちゃんと話を聞いて理解していることを示すはずだ。電話では、このように認める発言をすることが、うなずくことに相当する。それに、次に言うべきセリフを考える時間稼ぎにもなる。つまり「答える（R）」だ。ありがたいことに、この部分は毎回ほぼ同じだ。自分が言いやすく、かつ効果的な答え方を決めておくといい。

先ほどの例で、それぞれどう答えるか見てみよう。

「ローンの金利が知りたいだけ」

A（認める）「ローンの金利をお知りになりたいのですね。お安い御用です！」

R（答える）「ここのところ、かつてない低金利です。多くのお客様がかなり節約されていらっしゃいます」

「どんな仕組みなのか興味があるだけ」

A（認める）「どんな仕組みなのかにご興味がおありなのですね。お安い御用です！」

R（答える）「このイベントに参加すれば、世界トップレベルのタレントスカウトに見てもらえます」

「費用がどれくらいで、うちの地域でもお願いできるのか知りたいだけ」

A（認める）「費用がどれくらいで、そちらの地域でもご利用いただけるかどうか、ですね。お安い御用です！」

R（答える）「お役に立てそうだとわかった時点で、お見積もりを提出させていただきます」

お気づきのように、いずれもごく短い答えにとどめている一方で、相手の質問に対してはっきりと具体的には答えていない。思い出してほしい。主導権を握っているのはこちらであり、相手ではないのだ。こちらが伝えたいことを、伝えたいタイミングで話すのだ。そうでないと、こちらの負け、相手の勝ちになってしまう。

このタイミングで「いまの金利は6％です」「毎月1275ドルで承っています」なんて答えてしまったら、話はあっという間に終わってしまう。

さあ、最後のステップだ。こちらが持っていきたい方向へくるっと「転じる（P）」のだ。

「ローンの金利が知りたいだけ」

A（認める）「ローンの金利をお知りになりたいのですね。お安い御用です！」

R（答える）「ここのところ、かつてない低金利です。多くのお客様がかなり節約されていらっしゃいます」

P（転じる）「お住まいを購入されてからどのくらいですか？」

「どんな仕組みなのか興味があるだけ」

A（認める）「どんな仕組みなのかにご興味がおありなのですね。お安い御用です！」

R（答える）「このイベントに参加すれば、世界トップレベルのタレントスカウトに見てもらえます」

P（転じる）「地元で演技、モデル、歌の仕事をされた経験はありますか？」

「費用がどれくらいで、うちの地域でもお願いできるのか知りたいだけ」

A（認める）「費用がどれくらいで、そちらの地域でもご利用いただけるかどうか、ですね。お安い御用です！」

R（答える）「お役に立てそうだとわかった時点で、お見積もりを提出させていただきます」

P（転じる）「不動産業界にはどのくらいいらっしゃいますか？」

こうやって話をこちらの持っていきたい方向へ転じるわけだ。

転じることで、コンバージョンコードの次の段階にもつながる。それは、適切な問いかけをすることで、いい関係をつくることだ。この「転じる（P）」問いかけを皮切りに、このあとさまざまな問いかけをしていく。すべては、「深掘り」していい関係をつくり、成約につなげやすくするためだ。

第 9 章

断れないように持っていくための質問で深掘り

ネット見込客の35〜50%が、最初に話をした企業を選んでいるのをご存じだろうか[1]。このデータを見れば、営業担当も企業もがぜん張り切って、より迅速に対応し、本書第2部で説明したことを実行するだろう。一番乗りさえすれば、ベストである必要さえないのだ！

でも、一番乗りかつベスト、だったらどうだろうか。

インサイドセールスで大切なのは、質のいい見込客＋迅速な対応＋電話でのやりとりに効果を発揮するフレームワークを活用して話す時間を増やすことだ。主導権を握るのも、ＡＲＰをおこなうのも、どちらも最初の1分にかかっていることを忘れないように。

「有意義なやりとり」と僕が呼んでいるものこそ、コンバージョンの鍵だ。僕が関わってきたいくつかのベンチャー企業で売り込んできた、さまざまな商品、サービス、販売価格などを考慮すると、成約にいたった平均通話時間は約40分。僕にとって理想的な通話時間は、クイックン・ローンズ社で20〜25分、ファッション・ロック社で30〜40分だった。いまのキュレーター社で45〜60分ほどだ。

成約にこぎつけて支払いを確保するまでにどのくらいの時間がかかるのか、見きわめる力が重要になる。「話が20分以上続かなければ、売り込みはしない」と決めてから電話をかければ、アプローチの仕方が毎回変わってくるはず。

このことを学んだのは、クイックン・ローンズ社で働いていた頃だ。２００５年前後、同社はテクノロジー面で最先端にいた。たとえば、ある人が毎朝ヤフーで経済ニュースをチェックしている。その日の住宅ローン金利に関する広告が目に入り、クリックして、ちょこちょこっと情報を記入していると、クイックン・ローンズ社（あるいはLowerMyBills.comのような見込客データプロバイダー）にその情報がたちまち入ってくる。

するど30秒もたたないうちに、僕がその人に電話をかけて話をしている、という具合だったのだ。みんな感心と驚き半々だった。

よっぽどのことがない限り、複数の住宅ローン会社と話をしたがる人なんていないことをクイックン・ローンズ社はよく理解していた。このごく単純な魔法の秘策に僕が気がついたのも、このときだ。要するに、だれよりも先に、だれよりも長く、相手と話をすればいいのだ。住宅ローン会社、不動産会社、旅行会社、なんであれ、同業2社から別々に勧誘されてうれしがる人がいるはずがない。1社でも嫌がられるのに！

クイックン・ローンズ社ではレンディングツリー社からも見込客データを得ていた。レンディングツリー社は、ひとりの見込客に対して5、6社から電話がいくように仕向けて、成約を競わせるのが特徴だ。ウエルスファーゴやバンク・オブ・アメリカなど、他社もみんな同じ見込客データを持っているから、迅速に対応し、話を長くする必要がある。こちらの住宅ローン金利や手数料が一番低いとは限らないけど、30～45分ほどかかるローンの申込み手続きをし、クレジットカード情報も伝えて、ようやく電話を切ったと思ったら、今度は別のローン会社から電話がかかってきて、また同じような話をいちから聞かされたいだろうか？　おそらくごめんだろう。しかもこちらは、深掘りによっていい関係を築いているのだから、なおさらだ！

というわけで、もちろん、一番乗りで電話をするべきだけど、話す時間を長くし、有意義なやりとりをすることにおいてもベストであるべきだ。ARPをおこなわず、相手が知りたがっているローン金利を伝えるだけでは、相手は2分後には電話を切ってしまい、次にかかってきた電話に出るかもしれない。最初の1分で主導権を握り、深掘りを開始できれば、一番乗りに電話をしたことで30〜50％の勝率、一番乗り、しかもうまく話を持っていくことで最大80〜90％の勝率で、同意してもらえるはずだ。この差を縮めていくことが、すばやい急成長につながるわけだ。

深掘りテクニック

相手を「深掘りする」ためのやりとりは長いほど役に立つ。僕がセールスコーチングをしていると、苦戦している営業担当者はいつも決まって同じことを言ってくる。「クリス、とにかくクロージングできないんです。どうすれば成約してもらえますか？　わたしのやり方をちょっと聞いてみてもらえませんか？」。

「クロージング」云々の前に、勝敗がすでに決まっていることを理解し、自覚しなければならない。クロージングできないのは、おそらく深掘りができていないからだし、深掘りできていないのは、おそらく、やりとりの主導権も握っていないし、毎回うまくいくフレームワークとスクリプトを活用していなかったからだ。

次のことばを紙に書き、見込客と毎日電話で話をするときに目に入るところに貼ってほしい。**「深掘りしないなら寝たほうがまし」**。クイックン・ローンズ社で来る日も来る日も勧誘電話をかけていたとき、僕のデスクの前に貼ってあったことばだ。相手を深掘りしていい関係をつくらなければ、ローン契約を結んでもらえることはない、とわかっていたからだ。

もちろん、選別用の質問も4～6つ書き出しておいて、毎回使えるようにしたほうがいい。でも、売上につながるのは、あらかじめ用意していない質問、つまり「深掘りする」ための問いかけにかかっている。スクリプトで用意されている質問のほとんどは、選別用の質問や話の糸口にすぎない。選別に最適なのが売りものに関した質問であるのに対し、業種に関係なくだれにでも使える「備え」の質問がいくつかある。

- ○○についてどのくらい調べていらっしゃいますか？

●○○と同様のものを購入されたことはありますか？
●いま○○の購入を検討されているのはなぜですか？
●どのようにして○○のことをお知りになりましたか？

不動産業者なら、次のような質問が考えらえる。

●いまお引越しされる一番の理由はなんですか？
●いままでに家を売った回数は？
●不動産業者に依頼されたことはありますか？
●不動産業者の対応で一番困らされたことはなんですか？
●どのくらいの期間でご自宅が売れればいいとお考えですか？

相手が答えるたびに、子どものようにさらに質問していく。どんどん深掘りしていくわけだ。

「○○についてどのくらい調べていらっしゃいますか？」
「うわぁ！ 6カ月も調べていらっしゃるんですね。それはすごい。一番よくチェックされるサイトはどこですか？　そうですか、Xのサイトをよくご利用されるのですね。モバイルアプリは試されましたか？」


「○○と同様のものを購入されたことはありますか？」

「ありますか？　それはよかった。使い心地はよかったですか？　いまいちですか。改善できる点がひとつあるとしたらどんな点でしょうか」


「いま○○の購入を検討されているのはなぜですか？」

「ああ、もうすぐお子さんが生まれるんですね！　男の子ですか、女の子ですか？」

「初めてのお子さんですか？」


「どのようにして○○のことをお知りになりましたか？」

「ググってくださったんですか、それはよかった！　よく検索されるんですよ。うちのサイトを見てどう思われましたか？　気に入っていただけました？　うれしいです！　テクノロジーに強い会社と組む重要性をお感じなのですね？」

深掘りの質問もせずに、電話で成約してもらおうなんてムリ。相手の感情と理性、両方の購入動機に注意を払うのだ。

あらかじめ用意していた質問に対しても、そうでない質問に対しても、相手が答えたらすべてきちんとメモしておこう。あとで利用して、話をまとめるときに断られないようにするためだ（詳しくは第12章の「5つの同意テクニック」で説明する）。

深掘りは、営業ならみんな普通にしていると思うかもしれないけど、実際していない。僕はクイックン・ローンズ社でよく、同僚が電話している様子をこっそり聞いていた。相手が「家を担保に5万ドルほど借りたいんですが」と言うと、担当者は「もちろんです！　お手伝いいたします。何にお使いでしょうか？」と質問する（これで深掘りしているつもりなのだ）。相手が「あ、家の裏にテラスをとりつけようと思ってまして」と答えると、「いいですね！　お手伝いいたします。いまご利用中の住宅ローン会社はどちらですか？」。

これでは単なる御用聞きで、営業とは言えない。

本当の深掘りとは、こんなふうに進めていくものだ。同じ相手だとしよう。

「5万ドルのテラスですか？　それはすごい。詳しく聞かせてください！　2層テラスでエレベータつきとかなんですか？　なんだってまたテラスに5万ドルもかけるんですか？　プラチナ製とかですか？　バーベーキューするときに、肉を自動で焼いてくれる機能でもついているんですか？」

できる営業は相手の話をよく聞き、メモをとり、相手の状況に純粋に興味がある。だから、相手が話し終えるまでじっと待っていたりしない。

相手の話をよく聞いていないと、深掘りはできない。深掘りできなければ、クロージングはできない。僕はいつだって相手に対して本当に興味がある。なぜその選択をするのか知りたいと思っている。

僕のアプローチに対して、相手はこんなふうに返してくる。

「いえいえ、とんでもない。エレベータもないし、プラチナ製でもないの。うちは人が大勢集まることが多いし、誕生パーティーもしょっちゅう。夫が昇給したので、長年の夢だったテラスをやっととりつけられるようになったってわけ」

さっきとは大違い。これでいい関係づくりができた！　さらに進めていって最後に「まとめる」ときに有利な情報が手に入った。深掘りすることで、相手がテラスをとりつけたがっている感情的動機が特定できたのだ。

このやりとりの最後にノーと言うのは、僕に対してではなく、こうした感情的動機を否定することになるように持っていくわけだ。これで、よほどのことがないとノーとは言われなくなる。

深掘りすることで、話をまとめにかかる際の「5つの同意」につなげる有利な材料を手に入れるのだ。そのやり方は279ページで詳しく説明するけど、深掘りの質問に対する相手の答えを繰り返すことで、売り込みにつなげていくのが基本的な考えだ。

では、テラスをとりつけるために融資を受けたい、ということですね？　そうです。

ご家族やご親戚が大勢集まるんですね？　そうです。

ご主人のお給料がアップしたのですね？　そうです。

バーベキューパーティーをよくされるのですね？　そうです。

最初に深掘りをしておかなければ、最後に話をまとめにかかるときにどう言えばいいかわかるはずがない。うまく深掘りできれば、あとでどう活用して話をまとめるかをすでに考え始めることができる。

あなたのライバルの9割方は、ブランドや製品を最初から売り込もうとしている。一方こちらは、相手の話にまず集中することで、コンバージョンコードを読み解いているのだ。選別用の具体的な質問を用意しておき、相手の話をよく聞く。興味を持ち、理由を尋ね、そのあとさらに理由を尋ねていく気持ちがなければ、優秀なクローザーには絶対なれない。いい関係をつくり、深掘りも十分できたら、次は信用を得る番だ。

第 10 章

簡潔2ステップで信用を得る

電話の相手に対して主導権を握り、最初のどんな「壁発言」に対してもARPをおこない、深掘りもしっかりしたから、購入を検討している理由もわかった。次は、信用してもらう番だ。

信用してもらうのは、深掘りしながらいい関係をつくっていくよりも難易度が高い。電話の相手に気に入ってもらい、信用してもらうのは成功への第1段階。購入してもらうのはまた別の段階だ。相手が企業の場合はなおさらだ。

信用してもらうには、簡潔にポイントだけ話すことが一番だと僕は考えている。こちらを信用してもらい、次の段階に進むために言うべきことはたったふたつ。

これが、信用を一番早く得られる2ステップだ。

①ブランド拝借　相手がすでに信用していて、こちらと同列に語れるブランドは？

②データ　こちらが最善の選択肢であることを伝えられる数字はないか？

実際、僕はこのやり方で何度も成約に持ち込んできている。ブランド拝借と説得力のあるデータをスクリプトに組み込んだ例を紹介しよう。

キュレーター社「当社はフェイスブック広告（ブランド拝借）で年に数百万ドルの取り扱いが

あり、その広告によるクライアントの平均売上は年50万ドルです（データ）」
フッション・ロック社「ブリトニー・スピアーズ、イン・シンク、バックストリート・ボーイズ（ブランド拝借）を発掘したのも当社の創業者ですから、このイベントには毎年6万5００人を超える応募があるのです（データ）」
クイックン・ローンズ社「創業者はクリーブランド・キャバリアーズのオーナーでもあり（ブランド拝借）、当社はアメリカ最大のオンライン金融企業です（データ）」

おわかりのように、こうしたブランド拝借とデータはシンプルかつ的を射ている。だから効果的なのだ。営業スクリプトの多くもそうだし、営業が「信用」を得ようとしている様子を聞いているときもそうだけど、つい必死になるあまり、どうしても胡散臭く聞こえてしまうのだ。ここまでで、相手に対して主導権を握り、ＡＲＰをおこない、しっかり深掘りしてきているはずだ。深掘りは、これから信用を得ていくにあたって特に重要だ。相手の話を熱心に聞いてあげたところだから、相手はあなたの話も聞こうという気になっている。相手がちょっとでも関心を示した瞬間を逃してはいけない。手短に、優しく、的を射た話をすることで、相手の信用を得ながら、スムーズなやりとりが続けられるはずだ。

第11章

断り文句を事前に明らかにしておく

営業で最悪な気分になるのは、売り込みトークも順調に終盤に差しかかり、契約してもらえると思っていたら、思いもよらない理由をぶちかまされることだ。「クリスさん、いろいろお話どうもありがとう。でもちょっと考えさせてください」とかね。このコンバージョンコードでは、話をまとめにかかる段階で断り文句が出てくることは絶対にない。出てくるとしたら、売り込みすらまだ始めていない段階だ。断り文句にどう対処するかに力を入れている営業は多いけど、僕は、断り文句をなくしていくことに力を入れている。それも、初期の段階でだ。

よくある「断り文句」は、しばらく考えさせてほしい、というものだ。ほかにも、配偶者を持ち出してきて「夫（妻）と相談してからじゃないと決められませんので」とか、費用の面で「購入したいのはやまやまなんですが、ちょうどいま余裕がなくて」とか。僕なんか、「その件でお祈りしなくてはいけませんから」と言って断られたこともあるのだ。こうした断り文句で相手のことがわかってくるのがせめてもの幸いだ（あなたのビジネスにとってどうなのか、もうおわかりだと思う）。

こうした断り文句を、プロの営業は、売り込みに入るずっと前の段階で明らかにしている。電話で30分も45分も話をし、いよいよ話をまとめようという段になって、いまは余裕がない、はっきりしたことは言えない、などと言われるのではなく、今日話を進められない理由がもしあれば、いまのうちに教えてほしい、と頼むのだ。考えうるさまざまな断り文句の衝撃をやわらげるなら、実際、このときほどいいタイミングはない。深掘りしていい関係をつくり、信用を得た直後だからだ。相手に警戒心を解かせるちょっとした手段だと思えばいい。

断り文句（が出てくる場合）を事前に明らかにするために言うべきことはこれだけだ。「御社の目標達成につながり、すべてご納得いただけたとしても、今日中に話を進められない事情はございますか？」（高価で販売サイクルがもっと長い場合は、「今日中」の代わりに「今週中」「今月中」「今期中」などに置き換えればいい）。

購入する気がある相手なら、たいてい「ありません」とだけ答えるはずだ。

目標が達成でき、すべて納得できるなら、話を前に進めない理由などあるはずがない。

この質問は、断り文句を引き出すことにもつながるから、あとから（話をまとめようとするとき）じゃなく、いま、その件を話し合うことができる。「ええ、あります。まず妻と相談しないと決めるわけにはいきませんので」とでも言えば、少なくともその断り文句には対処できるわけだ！

奥さんと電話で話をさせてもらえるかと尋ねるのもひとつだし、こうした件で夫婦の意見はたいてい同じかどうかを、こんなふうに尋ねるのもひとつだ。「こちらから奥さんにお電話して、購入されるおつもりであることをお伝えしたら、賛成していただけそうでしょうか」。あるいは、該当する場合は、「30日間返金保証サービスもございます。万が一反対されても解約できますので、お叱りを受けずに済みます」という手もある。

費用面での断り文句なら、あとから文句を言われるよりも、価格の話にすぐ入ったほうがはるかにましだ。「とりあえず、いくらするんですか？　手が届かない値段だったら、今日話を進めるわけにはいきません」と言われてもがっかりする必要はない。購入意欲がある証拠だからだ！　相手はその製品やサービスを購入し、利用しているところを思い描いている。これが「現場」（アウトサイドセールス）であれば、値段を先に言ってから売り込むのはバカだ。講演なんかで大勢を前に話をしていて、いきなりだれかから「それ、いくらするんですか？」と尋ねられても、絶対に答えてはいけない。うまくかわして話し続けることで、値段の話は最後だとわからせる。

でも、この場合の相手はネット見込客だから、ボタンひとつでいつ電話を切られてしまうかわからない。しかもまだ売り込んですらいないのだ。だから、値段をはっきりとは言わないにしても、だいたいどのくらいかは伝えておいたほうがいい。早い時点で値段をどうしても知りたがる相手なら、こう言ってかわせばいい。「パッケージ価格で約○ドルからございます」「パッケージで月々だいたい○～○ドルです。ご予算をオーバーしますか？」。

ある意味ここが、成約への最初の関門となる。この時点で「いいえ、今日話を進められない理由はなにもありません」と言ってもらえるのは、最後に「わかりました。購入します」と言ってもらえたときと同じくらい喜ばしいことなのだ。

ここまですべてきちんとおこなっていれば、たいていの場合、相手は反対の理由を洗いざらい話してくれるし、あとから蒸し返されることもないはずだ。これは営業にとってすごく心強い。

さあ、話がいよいよ大詰めに近づいてきた。納得できれば話を前に進める、と言ったのは、人と人との約束だ。「いいえ、納得できれば、話を前に進められない理由はなにもありません」という前言を翻《ひるがえ》すのはかなり難しい。

断り文句は、こちらが計上できるはずの売上を奪いとるものだ。あるいはこう考えてもいい。警報器を解除してから（断り文句を明らかにしてから）じゃないと、家に入ることはできない（成約はできない）。眠っていた「お断り」怪獣を起こしてしまうからだ。

信用を得るのもそうだけど、断り文句を事前に明らかにするのも、やりとりのごく一部分だから、それほど時間をかける必要はない。これから売り込もうとしているものが相手にとって納得のいくものかどうかは、この時点ですでに把握できているはずだ。「御社の目標達成につながり、すべてご納得いただけた場合でも、今日中に話を進めるわけにはいかない事情はございますか？」。僕はこれを、クロージングのための質問と呼んでいる。ここまで築いてきたたい関係や信用を利用して、「最後になって断り文句を言わない」ことをさっと約束させるわけだ。考えうる断り文句をすべてクリアしたら、ワクワクする知らせがある。断り文句の話はもう十分。いよいよ、売り込みを開始する番だ！

第12章

「5つの同意」テクニックでクロージングに入る

考えうる断り文句をひとつ残らず（あるいは一切ないことを）明らかにしたら、売り込みを始める前にもうひとつだけステップがある。「5つの同意テクニック」だ。

具体的にどうするかを説明する前に、重要なことをひとつ言っておきたい。売り込みに入る前に、1度の通話で話をまとめるつもりか、2度に分けてまとめるつもりかを決める必要がある。

1度で話をまとめる場合は、断り文句を明らかにしたあとで「5つの同意テクニック」を用い、それから「特徴・ベネフィット・タイダウン」（第13章）を説明しながら売り込み始める。

ただし僕としては、2度に分けて話をまとめるほうが断然いいことを強調しておきたい。実際、電話を2度に分けて話をまとめるほうが、ほとんどの場合うまくいく。僕が開発した「20分／20分／20分セールス」は通話を2度に分けて話をまとめるもので、非常に理にかなっているうえに、簡単だ。

20分／20分／20分セールス

最初の20分で、第11章のすべてをおこなう。それができたら、提案・製品・サービスをまとめて20分後にかけ直す、と言っていったん電話を切る。いま聞かされた情報に基づいてプレゼンの仕方をカスタマイズする時間をとったほうがいいからだ。

2度に分ける理由は、相手の購入意欲を30分も40分も保ち続けるのは（営業の手腕がどれほどあっても）なかなか大変だからだ。最初の20分で購入意欲を高め、次の20分で売り込みトークをカスタマイズしながら微調整すれば、最後の20分で購入意思決定ラインをぱっと越えさせて成約につなげやすくなる。この間、相手の購入意欲は高く保たれたままだ。

20分／20分／20分セールスをおこなう理由はもうひとつある。早く売り込まなくては、と思いながら話を始めると、気が散ってしまうからだ。「成約」が頭にちらついていては、初めに考えていたことがわからなくなってきたり、緊張が口調にもつい表れてしまったりする。最初の20分は相手の話をよく聞いてメモをとるだけにすれば、そうしたことも収まり、聞くことと深掘りすることに集中できる。

うまい具合に、次の20分で、売り込みトークを始める前によく考えて準備できる。それに、相手に購入する気がまったくなければ、かけ直してもらわなくても結構、と言われるはず！「わかりました。では20分後のお電話をお待ちしています。ご提案を楽しみにしています」と言ってもらえるだけで、たいていは成約できるということだ。

「5つの同意」テクニック

話をまとめる電話が1度でも2度でも、この「5つの同意」テクニックの使い方は変わらない。こんな感じだ。

①Y1をお尋ねしたとき、X1とおっしゃいましたね。
②Y2をお尋ねしたとき、X2とおっしゃいましたね。
③Y3をお尋ねしたとき、X3とおっしゃいましたね。
④Y4をお尋ねしたとき、X4とおっしゃいましたね。
⑤最後に、Y5をお尋ねしたとき、X5とおっしゃいましたね。

効果を狙ってかなり単純化したけど、やりすぎとも言えない。深掘りしたときの質問と、それに対する答えを繰り返したうえで、同意を求める、それだけなのだ。

深掘りが重要な理由も、相手が言ったことをメモするように言った理由も、ここにある。深掘りの質問に対する相手の答えを「5つの同意」スクリプトに当てはめていくわけだ。

この「5つの同意テクニック」を使った住宅ローン会社の例を見てみよう。

①ローンが33万ドル残っている、とおっしゃいましたね。

②いまお支払い中のローン金利が5％、とおっしゃいましたね。
③税金と金利の支払いだけで毎月精一杯で、元金がちっとも減らなくてうんざりしている、とおっしゃいましたね。
④月々少なくとも200ドルの節約につながるのであれば、契約する意味がある、とおっしゃいました。覚えていらっしゃいますか。
⑤最後に、ローンの支払いを切り詰めるというよりも、お子さんの大学進学の費用をそろそろ準備し始めるのが本当の目的、とおっしゃいました。このローンの審査が通れば、節約できた分はそのために取っておかれるのですね。

お気づきのように、論理的な質問をしながら、最後のほうでもう少し感情的な質問もしている。質問中ひとつは必ず、納得すれば話を進めてかまわない、と言ったことへの同意を促すものにする。それと、5つめの同意は必ず、購入の感情的動機で一番重要なものになるようにする。そのために深掘りしたのだ。これで相手は、自分が先ほど言ったことだけでなく、子どもの大学進学費用に対してもノーと言う羽目になる。こちらに対するノーじゃないのだ。

1度の電話で話を進めていくときは、「5つの同意」ネタを書き留めるのを忘れないように。2度に分けて電話をするもうひとつの利点は、あとで使うことになる「5つの同意」と、特徴・ベネフィット・タイダウン（次章で説明）を、スクリプトに書き留める時間がとれることだ。自分はそんなものなくたって大丈夫、と格好をつけて、売り込み前にスクリプトを用意したり、作戦をメモったりしない人が多い。もっと大人になろう。営業の仕事で毎年がっぽり稼ぎたければ、日々のちょっとした手間を惜しんではいけない。

究極の目標は、「わかりました。購入します」と言ってもらうことだけど、そう言ってもらえる頻度を上げるための「5つの同意」テクニックなのだ。売り込みトークはそのあとだ。本当に重要なら、売り込みトークをいざ始めると、流れが一気にこちらに向かい始めることに驚くはずだ。

第13章

「特徴・ベネフィット・タイダウン」テクニックで売り込む

特徴の説明はだれだってしている。プロの営業は、特徴とベネフィットを売り込んだうえで、まとめにかかる（タイダウン）。特徴は、どんなことができるのか。ベネフィットは、相手にとってそれがなぜ重要なのか。この2点を売り込むことで、そうしたさまざまな特徴が相手のベネフィットになる、と認めてもらうのがタイダウンだ。

僕だったらこんなふうに始める。

「フェイスブック広告の設定と維持管理を弊社が代行いたします（特徴）。これによって、有望な新しい見込客の氏名・電話番号・メールアドレスなどのデータが御社の受信箱に毎日絶えず入ってくるようになり、あとは話をまとめるだけです（ベネフィット）。御社のビジネス促進につながるのではありませんか？（タイダウン）」

その後さらに、別の「特徴・ベネフィット・タイダウン」を説明する。

「ワールドクラスのサイト、ランディングページ、ブログの制作も代行し（特徴）、御社のフェイスブック広告からリンクさせます（タイミングが合えば複数のモジュールを結びつけるといい）。御社のクライアントにもご友人にも仕事仲間にも気に入ってもらえて、紹介してもらえる人も増えるはずです（ベネフィット）。しかも、連絡をとる前に御社のことをネットでチェックする人は、購入意欲がすでにあるはずです（ベネフィット）。ネットでこうした存在感を出したい、とお考えなのではありませんか（タイダウン）」

ちょっとアドバイス。場合によっては、「懸念材料」を「特徴・ベネフィット・タイダウン」に織り込む手もある。購入によるプラス面だけでなく、相手がいま抱えている懸念をあえて指摘するのだ。相手が心配したり苦労したりしている点を見抜いてさっと指摘したほうが、あれこれ飾り立てて言うよりも、すぐに成約に結びつく場合が多い。懸念材料に触れることで、促進策のセールスではなく、解決策のセールスになる。ここを強く押せば、多くの人にとって一番購入につながりやすい。「業界最高のサイトにしたいですか?」ではなく、僕ならこんなふうに尋ねる。「弊社のようなサイトだったら、だれに見られても恥ずかしくなくなりますか?」。

どの業界でも使える「特徴・ベネフィット・タイダウン」のひな型はいたってシンプル。「弊社の製品・サービスはこうこうこうです。それによって御社にこのようなベネフィットがあります。弊社の製品・サービスにベネフィットがあると認めていただけますか?」。ごく簡単なふたつのことを自問してみよう。自分のビジネスの強みはなにか。ほかにはない特徴はなにか。その答えのなかから「特徴・ベネフィット・タイダウン」に使う材料を導き出すのだ。

ところで、いろいろ説明してきたけど、口調の大切さをもう一度念押ししておきたい。売り込むときは特に、熱意を込めて話すこと（EnthusIASM＝I Am Sold Myself、熱意＝自分自身を売り込む）。

といっても、あまり考えすぎる必要はない。すばらしい売りものなら、売り込むべき特徴はいろいろあるはずだ。僕の経験では、よく考え抜かれた「特徴・ベネフィット・タイダウン」が5つ6つあれば（前もって書き出して練習しておく）、値段はさておき、購入にワクワクさせる、という目標が達成できるように思う。そうなれば、次のステップ、契約をまとめる番だ。

これは簡単ですごく効果的で実績あるやり方なのに、あまり実行されていないし、されていたとしても、意識してきちんと実行されてはいない。「フェイスブック広告の設定と維持管理を弊社が代行いたします（特徴）」とだけ売り込む場合と、「フェイスブック広告の設定と維持管理を弊社が代行いたします（特徴）。これによって、有望な新しい見込客の氏名・電話番号・メールアドレスなどのデータが御社の受信箱に毎日絶えず入ってくるようになり、あとは話をまとめるだけです（ベネフィット）」と、特徴＋ベネフィットを売り込む場合を比べてみれば、違いは明らかだ。

実は、日常生活ではだれでも無意識に「特徴・ベネフィット・タイダウン」をよく使っているのだ。子どものいる家庭ならなおさら！　僕は娘のマヤにしょっちゅう使っている。何度も頼まないとなかなか言うことを聞いてくれなくて、ときどき手を焼いている。

「特徴・ベネフィット・タイダウン」は子どもに対してこんなふうに使うこともできる。

「マヤ、いますぐお部屋を片づけて（特徴）。きれいに片づけたら、お部屋がもっと広くなるし、変なにおいもしなくなるから、お友だちが喜んで遊びに来てくれるよ（ベネフィット）。10分たったらまた見に来るから、それまでに片づけられるかな？　そうしたらソフィアちゃんに遊びに来てもらおう（タイダウン）」

とにかく成約

「特徴・ベネフィット・タイダウン」を覚えておく一番簡単な方法がある。デヴィッド・マメット原作・脚本の映画『摩天楼《まてんろう》を夢見て』によく出てくるあの名セリフ「Always Be Closing」（訳注・契約を必ずモノにしろ、という意味。ＡＢＣと略されることが多い）をそのまま具現化したものと考えるのだ。「特徴・ベネフィット・タイダウン」を1セット説明し終えるたびに、成約に近づいているのだ。最後にドカンと1発で受注するわけじゃない。こうした「ミニクロージング」を積み上げて、購入の必要性を相手に認めさせておいてから、購入をお願いする「本クロージング」で締めくくる。これまで特徴（とベネフィット）の説明ばかりで、タイダウンはおこなっていない、という人は、この威力に驚くはず。心理的に明らかに有利に立てるようになるのだ。

「特徴・ベネフィット・タイダウン」をうまく説明していくうちに、相手のワクワク度が売り

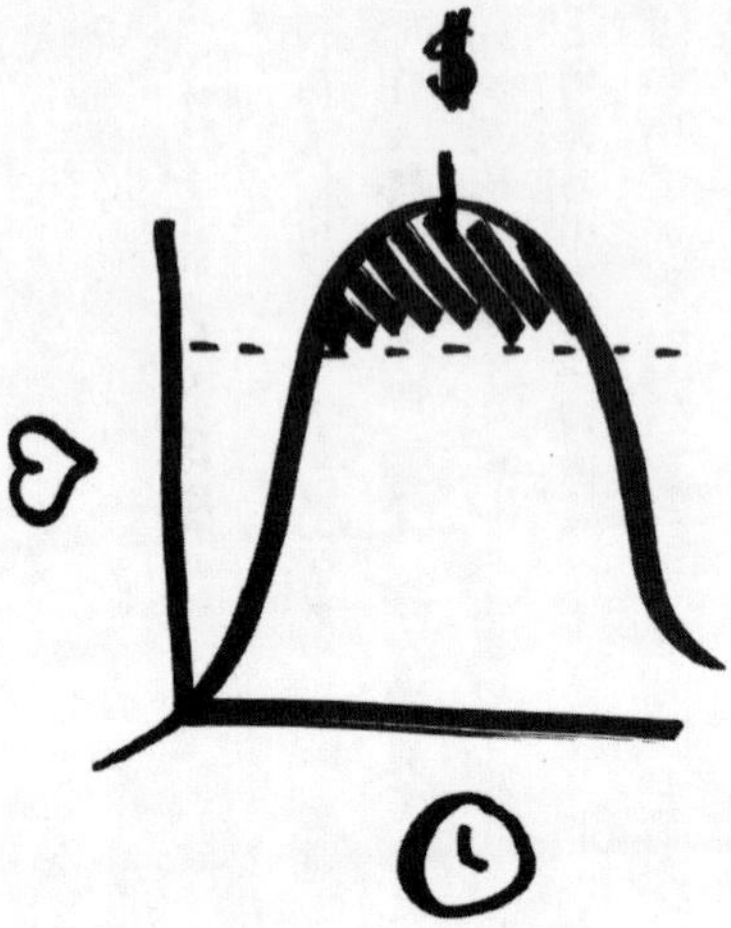

図 13.1　電話セールスの際、常に念頭に置いているグラフ

ものの値段よりも高くなる瞬間がある。その瞬間をとらえることがとても重要だ。

僕がこのグラフ（図13・1）を常に念頭に置いているのもそのためだ。インサイドセールスのプロは、この瞬間を常にピンポイントでとらえている。「特徴・ベネフィット・タイダウン」の1セットごとに、相手に1段ずつ階段を上らせているようなもの。成約するまでに5段上らせないといけない人もいれば、3段で済む人も、7段必要な人もいる。

思いつく限り最強の「特徴・ベネフィット・タイダウン」を7、8セット用意しておこう。ただし、一番いいのは、最重要のものがちょうど真ん中にくるように戦略的に話を持っていくことだ。

キュレーター社では、自分たちのテクノロジーと戦略に関する「特徴・ベネフィット・タイダウン」をさっと説明するだけじゃない。依頼してもらえる理由の大きなひとつが、セットアップまですべて代行しているから、ということもわかっている。フェイスブック広告、ウェブサイト、ランディングページ、CRM、毎月1回のメールマーケティングキャンペーンなどをセットアップしている。この説明から始めることももちろんできるけど、そうではなく、最後までとっておく地雷にしている。購入意思決定ラインを越えさせる決め手の1段になりうるからだ。

興味をそそる話は最後までとっておくのだ。フェイスブック広告、どんどん入ってくる見込客データ、予定しているマーケティング、などを説明し、相手を乗り気にさせていく。そのうえで「最後の」特徴として、すべて代行することを伝えるわけだ！　そのベネフィットは、相手はつまらない仕事を一切しなくて済むこと。キュレーター社に依頼すれば、相手は本業に専念できることを伝える。御社はお客様への対応に集中してください。ピクセルやパスワードの管理はこちらでおこないます。タイダウンは、こんな感じのパートナーシップをお探しでしょうか？「そうです！」

これが成約の瞬間だ。

「特徴・ベネフィット・タイダウン」が2セットで済むこともあるし、最初の1セットだけで契約してもらえることもある。たまに、うちのサイトを見てもらいながら説明し始めることがあるけど、そうすると100%納得してもらえる。相手の興奮が電話越しに伝わってくることもある（声の調子でだいたいわかる）。だから、1、2セット説明した時点で相手が購入意思決定ラインを越えた、と100%確信できた場合は、残りのセットは100%捨ててしまって、契約をまとめに入ってかまわない。「わかりました！　では次をご説明します」とだけ言えばいい。ほぼ毎回うまくいくようになると、相手がまだその気になっていなければ、勘でわかるようになってくる。話し方でなんとなくわかるのだ（話し方は意思疎通の55%を占めるんだったよね）。

こちらは成約の瞬間をスムーズに生み出すひとつのフレームワークをつくろうとしているわけだけど、相手はひとりひとり違うのが現実。だから、タイダウンに対してどういう答え方をするかに耳を澄ませるようにしよう。

ちょっとアドバイス。「特徴・ベネフィット・タイダウン」の最初の4、5セットを説明しても、相手が十分納得していない場合は、さらに2、3パンチをお見舞いしなければならない。その一番肝心なときに、いまいちな2セットしか残っていないんじゃ話にならない！　せっかく用意した「イチオシの特徴」でも相手がピンと来ないときは、ほかのもので印象づけるのだ。ところで、契約する気があるのかどうかがさっぱり伝わってこない人もいる。それでも、最終的にはとにかく契約してもらうことがあなたの仕事なのだ。

「特徴・ベネフィット・タイダウン」に納得してもらえたら、購入意思決定ラインを越えさせたことになるから、あとは正式に契約してもらう番だ！　その瞬間を見きわめたら、次に言うべきことは……。

第14章

こう言って
クロージングに入る

なんと言ってクロージングには入ればいいかを説明する前に、言ってはいけないことを先に伝えておきたい。それを口にしたがために、ここまで積み上げてきたものを台なしにしているのを全米各地で耳にしているからだ。

クロージングの際の最大のミスは、「どう思われましたか?」と尋ねることだ。「いかがでしたか?」もよく耳にする。

こんなふうに「自分の仕事ぶり」を尋ねたところで、さらなる成約につながることはまったくない。つい尋ねてしまう理由はわかっている。人は生まれつき不安を抱えているものなので、よくやった、気に入った、とだれかに言ってもらいたいのだ。でも、プロのすることじゃない。

気の利いたことばをもうひとつ紹介しよう。ファッション・ロック社で働いていたときに営業コーチから聞かされて、いまでもよく覚えている。「ライオンが子羊に食べ物をくれと頼むことはない」。

売り込んだあとで、相手にフィードバックを求めてはいけない。コンバージョンコード式セールス電話の全ステップをちゃんと踏んできていれば、しっかり売り込めたという自信があるはずだ。それを生業《なりわい》としていない相手にどうだったか尋ねても意味がない。フィードバックがほしければ、客ではなく、セールスコーチや同僚に尋ねればいい。

毎回忘れずに使えるよう紙に書いておける、また100%そうしたほうがいいセリフがひとつだけあるとしたら、それは、契約をまとめに入るときに言うセリフだ。ここでしくじるわけにはいかない。バスケで言えば第4クォーター。いま1ヤードラインに立っている。へまは許されない。

言ってはいけないことがわかったら、今度は言うべきことだ。クロージングに入る絶好のタイミングを見きわめたら、次のとおりに言おう。

「わかりました！　では、次をご説明します」

これからは、「どう思われましたか?」じゃなく「わかりました！　では次をご説明します」と毎回言うようにすれば、成約率が劇的にアップするはずだ。

クロージングに入るこのセリフは、最後の「特徴・ベネフィット・タイダウン」を説明し終えてから、ということを忘れないように。最後のタイダウンに同意してもらった瞬間に、「わかりました！　では次をご説明します」と言うのだ。

そのあとすぐに、どのように協働するかを先にさっと説明する。相手の問題解決のためにこちらが実行する内容のまとめを繰り返す。そのうえで、価格や契約条件を明確に伝える。「わかりました！　では次をご説明します。弊社がAとBとCを代行し、それによって御社の目標X、Y、Zが達成されます。費用はMで、契約条件はNです。つまり、弊社がAとBとCをおこなう費用がMということです」。提案内容、価格、契約条件は、遠慮せずに繰り返そう。不安は声に表れるから、必ず察知される。そうならないように気をつけよう。

ここが決めどころ！ ここまで、売り込み説明からクロージングまでスムーズに進めてきたから、いよいよ正式な契約をお願いする番だ。

第15章

2ステップで成約する

しっかり計画を立てたやりとりも最後まできて、ゴール寸前ですべてをふいにするなんてことがあってはならない。ここが正念場。だから、僕は成約の際にも、実績あるスクリプトを必ず使うようにしている。

成約には、いわゆる「トライアル成約」方式でいく。「クレジットカードかデビットカードか」「イエスかノーか」と尋ねるのはちょっとドキドキするけど、このやり方なら、契約を強く迫らなくても、話が前に進んでいることを相手にしっかりイメージさせられる。「トライアル成約」の第1ステップの実例を紹介しよう。

ステップ1「トライアル成約」

先ほど、こんなふうにしてクロージングに入った。「わかりました！　では次をご説明します。弊社がAとBとCを代行し、それによって御社の目標X、Y、Zが達成されます。費用はMで、契約条件はNです。つまり、弊社がAとBとCをおこなう費用がMということです」。今度は次のように問いかけて「トライアル成約」に持っていく。「こちらに記載するメールアドレスはビジネス用になさいますか、それとも個人のアドレスにされますか？」。

住宅ローンを販売していたときは、よくこんなふうに尋ねていた。「鑑定人が伺うのは平日と週末のどちらがご都合よろしいですか?」。不動産業者なら「物件を見てまわるのは日中と夕方のどちらがよろしいですか?」。キュレーター社で尋ねているのは「初回コーチングにご都合がいいのは何曜日ですか?」。

どの問いかけも、契約をもろにお願いすることなく、話が前に進んでいることを相手にしっかりイメージさせるのが目的だ。これで相手はこちらの質問に答えてくれるから、次のステップ(スロット成約)ですぐに成約できる、あるいは質問に答える前に、購入前提の質問をしたり異論を唱えたりする、のいずれかだ。どちらもいい結果だ。

異論が出ても、この段階でARC(次章で説明するテクニック)を用いれば、いよいよ成約するときに言われるよりうまくいく。支払い方法を尋ねたり取引契約を確認したりする段になって、ちょっと待ってくれと言われるのは、どれほど人当たりがよくても、やはり気まずいもの。最後の最後になにか異論が出てこないか、トライアル成約で明らかにしておくのだ。スロット成約で急所を突き、話を締めくくるのはそれからだ。

ステップ2「スロット成約」

トライアル成約の質問に答えてもらった瞬間に、あとふたつの選択肢を与えることで本成約に入る。ただし、今度の質問はどちらも「イエス」になるはずで、それで成約ということになる。トライアル成約の質問に相手が答えたら即、こう言うのだ。「了解しました。お支払いはクレジットカードでよろしいでしょうか、それともデビットカードでしょうか?」「了解しました。お支払いは会社名義のカードでしょうか、それとも個人名義でしょうか?」。

なぜかはわからないけど、人は興奮状態のとき、「では、オーケーですね?」「それでは、話を前に進めてよろしいですか?」と訊かれるよりも、クレジットかデビットか、会社名義か個人名義かを選ぶほうが、はるかに楽なのだ。

普段はどもることなんてないのに、クレジットカード番号を尋ねるときにどもってしまう話をよく聞く。声が震えていると電話の相手にすぐに伝わってしまう。この道のベテランという自信が声から感じられないだけのことで、ここまで積み上げてきたすべてがムダになってしまうとしたら、残念だ。「ライオンが子羊に食べものをくれと頼むことはない」のだから、支払い方法を尋ねるときに子羊になってしまってはダメだ。そんな態度では、相手がライオンとなり、こちらが食われてしまう。

プロの営業はこんなふうにクレジット番号を尋ねている。「お客様のクレジットカードにある16桁の番号を左から順に読み上げていただけますか? 1度に4桁ずつお願いします」。

相手が4桁読み上げるごとに「はい」と言って、ちゃんと聞き取ってメモしていることが伝わるようにしよう。プロらしいふるまいをしていれば、いずれ本物のプロになれるのだ。契約の際は、こちらのひと言ひと言が自信にあふれ、はっきり聞こえるように気を配ろう。電話で話しているときの自分の声を録音し、聞き直してみて、声が震えていないか確認してみるといい。僕はTapeACall Proというスマートフォンアプリを使っている。スマートフォン通話をクリックひとつで録音できる。録音するときは必ず、「この通話は研修のために録音されます」と事前にひと言断っておくことを強く勧める。自衛のためと、こちらの行動とその理由に関して曖昧な点をいっさい残さないためだ。セールス電話を（許可を得て）録音し、あとで再生しながらメモをとるのは違法行為でもなんでもない。営業の腕を磨いているだけだ。

場合によっては、支払いを求めるのではなく、面会をとりつけることが「成約」に相当することもある。この場合もやはり、トライアル成約のあとでスロット成約をしたほうがいい。先ほどのスクリプトをこう言い換えるだけでいい。「では、明日の2時か3時にお会いするのはいかがでしょうか」「この件をまとめるために、土曜か日曜にお伺いしてもよろしいですか」。なにを成約とするかにかかわらず、トライアル成約とスロット成約のテクニックを続けて活用することで、さらなる自信がつき、売上も急増するはずだ。スクリプトから外れて自己流で話をしてしまうことはよくあるけど、契約をまとめているときは、自己流ではダメなのだ。

ところで、「デビットカードで」「個人名義で」と答えてもらったからといって、新人みたいにはしゃいではいけない。落ち着くのだ。クレジットカード番号を入手したとたんにさっさと話を切り上げようとする人が多いのはどうかしている。クレジットカード番号を教えてもらった、一緒に仕事をしようと言ってもらえた、その瞬間に電話を切るなんて、相手に失礼だ。ここまで結構な時間をかけてやりとりしてきたあとなら、なおさら。イエスと言ってもらえたら、次にどう言えば維持率もショー率も劇的にアップするかは、次の第17章で説明する。

現実は厳しい。電話で話をまとめるのがどんなに上達しても、やはり断られてしまうことは少なくない。重要なのは、それに対する準備をし、次章で説明するＡＲＣテクニックを用いることだ。

第16章

まだノーと言われたらこう切り返す

正直に言おう。世界一の営業でも「ノー」と言われることは多々ある。リードジェネレーション、質のいいアポとり、セールス電話をうまくおこなっても、成約率が100％になることはまずない。そこでこの章では、断られたときになんと言えばいいかを説明する。コンバージョンコードをきちんと実行すれば、断られる回数を格段に減らせるのだ！

「購入前提の質問」か「断り文句」か

「いろいろどうもありがとう。でも興味ありませんので」は断り文句だ。

「時間はどのくらいかかりますか？　支払いの仕組みは？　気が変わったら○○はできますか？」は断り文句じゃない。「購入を前提とした質問」だ。きちんと説明できていれば、相手はすでに購入した場合をイメージし始めているはず（それこそこちらの狙いどおり）。そうなれば相手の質問は、知るためのものから理解するためのものに一転する。壁をつくっていた相手の気持ちを買う気に転じるスイッチが入ったのだ。

というわけで、契約をまとめるときに、はっきりイエスと言われなくても、必ずしもノーでもないのだ。興奮状態のときは、こうした購入前提の質問を、断られていると思いがちだけど、相手は細かい点を知りたいだけ。購入前提の質問をされるのはすばらしいことなのだ。だから、そういう質問をされたら「ARC」を必ず実行しよう。

「ARC」をおこなう（認めて、答えて、成約する）

「ARP」と同じく「ARC」も、相手の質問を「認めて」（Acknowledge）、「答える」（Respond）ところから入る。ただし最後は「転じる」（Pivot）ではなく、「成約する」（Close）だ。やり方は「ARP」とまったく同じ。

契約をまとめるときになって、購入前提の質問をされた場合におこなうARCの例を見てみよう。

営業「お支払いは、クレジットカード、デビットカード、どちらになさいますか?」

相手「費用はどのくらいになりますか?」

営業　**A（認める）**「費用がどのくらいになるか、ですね。いいご質問です」

R（答える）「AドルでBがご利用いただけます。その際の条件はCです。これによって、先ほどおっしゃった御社の目標X、Y、Zが達成できます」

C（成約する）「クレジットカード、デビットカード、どちらでしょうか?」

端的で、丁寧で、戦略的だ。購入前提の質問に答えるときは、この3点に集中すればいい。

購入前提の質問をされているのに、断られていると勘違いして、やたら詳しい説明を長々とする人が多すぎる。新米のすることだ。ここに至るまでに、もうかなりの時間を割いてやりとりしてきているのだから、大丈夫。購入前提の質問を最後の最後にされた場合は、ARCをおこなえばいい。

成約は、重要なバスケの試合の第4クォーターだと思えばいい。緊張するのはかまわないけど、ここ一番でしくじるわけにはいかない。バスケのコーチがたっぷりと時間をかけて、ゲーム後半の場面を図解しながら選手とともに練習するのも、マイケル・ジョーダンが絶対外せないシュートをことごとく決めるイメージトレーニングをしていたのも、このためなのだ。試合本番となれば、プロの選手はみんな落ち着いて自信にあふれている。はっきりした戦略プランがあるからだ。契約をまとめるときにも、これと同じような自信が必要なのだ。

ちょっとアドバイス。よくある「購入前提の質問」リストをつくり（セットアップにかかる時間は？　契約の具体的な内容は？　キャンセルしたいときは？　など）、その質問ごとに効果的なARCを用意しておこう。もっとも効果的なARCを突き止めたら、ボロボロになるまで使い倒すのだ。

断り文句を「ARC」で克服する

どういう断り文句が一番多いか、すでにご存じのはずだから、実績あるARCテクニックで言うべきことを準備しておこう。いちからやり直す必要はない。準備しておけば、あとは自分のARCに頼ればいい。

契約をまとめる際、配偶者を理由に反対された場合のARC例。

営業「では、クレジットカード番号を読み上げていただけますか。4桁ずつお願いします」

相手「ちょっと待って。まず妻に相談しないと」

営業 **A（認める）**「まず奥様とご相談されたいのですね。ごもっともです。わたしも大きな決断をする前に必ず妻と相談します」

R（答える）「おふたりは普段から同じ意見でしょうか。奥様の職場へいまからちょっとお電話させていただいて、3人で電話会議をしたら、あなたのX、Y、Zという目標達成を弊社がお手伝いするのにご理解いただけそうでしょうか?」

C（成約する）「それはよかった！　では、必要書類は奥様にもお送りしておきます。あと必要なのは、クレジットカード番号だけです。左から4桁ずつ読み上げてくださ い」

契約をまとめる際、「しばらく考えさせて」と言われた場合のＡＲＣ例。

営業「では、クレジットカード番号を読み上げていただけますか。４桁ずつお願いします」
相手「もう少し考えさせてくれ」
営業 **A（認める）**「もう少し考えるお時間が必要、ということですね。ごもっともです。わたしもそうしています」
R（答える）「タイムマシンでいまから1カ月後にいるとしましょう。その時点でも、達成目標がX、Y、Zであることに変わりはありませんか？　優柔不断は最悪の決断、ということもありますよ！」
C（成約する）「1カ月後も同じ目標なら、その目標をともに達成できるように、クレジットカード番号を左から順に読み上げてください」

契約をまとめる際、費用面で難色を示された場合のＡＲＣ例。

営業「では、クレジットカード番号を読み上げていただけますか。４桁ずつお願いします」

相手「すばらしいサービスだと思います。ただ、いまは予算外なのです」

営業 **Ａ（認める）**「高すぎる、ということでしょうか。そうお感じになったのであれば、申し訳ありません。この費用に含まれているものをきちんとご説明しきれていなかった、ということですから」

Ｒ（答える）「話を少し戻してみましょう。先ほどお尋ねしたとき、御社の目標はＡ、Ｂ、Ｃで、弊社がＸ、Ｙ、Ｚをおこなうのであれば、提携する意味がある、とおっしゃいましたね。価格を気にされていらっしゃるのはわかります。ただ、いますぐ行動を起こさないことへの代償もあります。目標を達成できなくなる、という代償です！」

Ｃ（成約する）「お話しできて本当によかったです。正しいご決断をされました。話をまとめてしまいましょう。お支払いはクレジットカードですか、デビットカードですか？」

よくある断り文句を予想して準備することはできるけど、予期できない理由がたまに出てくるのは避けられない。僕は、すごく順調に進んでいたのに、最後になって「まずお祈りしなくちゃいけないから」と言われたことがある。こんなことを言われてうまく対処するのは至難のわざだ。嫌味のひとつも言いたくなってしまう。だからこそARCのようなテクニックが必要なのだ。変化球を投げられても、せめてしっかりバットを振ることはできる。

契約をまとめる際、型破りなことを言われた場合のARC例。

営業「では、クレジットカード番号を読み上げていただけますか。4桁ずつお願いします」
相手「クリスさん、申し訳ないけど、この件でまずお祈りしなくちゃいけないので」
営業 **A（認める）**「お祈りされたいのですね？ ごもっともです。僕もなにか購入する前に祈ったことがあります」
R（答える）「お尋ねしますが、この件で以前にお祈りされたことはありますか？ この電話を保留にしていますぐお祈りされたら（それで気が済むのであれば、こちらはまったくかまいません）、あなたがお祈りされているお方は、目標X、Y、Zを達成することを応援してくださりそうですか？」
C（成約する）「では話をまとめてしまいましょう。お支払いはクレジットカードですか、デビットカードですか？」

こうしたARCが毎回必ずうまくいく、とは言わない。でも、一度身につけてしまえば、たいていうまくいく。それに、本当の断り文句と、一見そう見えても実際はそうじゃないものとを見分けるのに、すごく役に立つ。断り文句にうまく対処できないこともあるのが現実だ。それでも、来る日も来る日も耳にする断り文句のほとんどは、基本的に同じであることもまた事実だ。それに対する準備を怠ってはいけない。

このARCをしっかりマスターしてほしい。断れるものなら断ってみろ、の気概でいこう。契約をまとめるときは、特にこうした細々としたことへの対処の仕方で、並の営業から超優秀な営業へと腕を上げることにつながるのだ。

それでも断られたらどうする?

この本の内容をすべておこなった場合でも、やはり断られることはある。こうなると厄介だけど、最強のARCを何度か繰り出しても(ARCと仕切り直しを何度か繰り返さなければならない場合もある)、成約に至らないケースがあるのが現実だ。

そんなときは、「ないよりまし」と僕が呼んでいるものに意識をすぐ切り替える必要がある。

成約はムリでも、ひとまずよし、と思える結果のことだ。

その日のうちに電話をかけ直して、購入する気になったかどうか確かめてみるのもひとつ。妻と相談する、祈る、よく考えてみる、などの理由で、その場でどうしても納得してもらえない人にはこの手がある。

翌日にかけ直してみるのもひとつだ。

ほかにも（あまり気乗りはしないけど）、追加情報をメールで送り、その後も相手の関心度に合わせて、毎週、毎月、毎年、フォローアップする手もある。

メールをフォローアップに利用するのはかまわないけど、売り込みに利用するのは間違っている。メールを送ったその日か翌日に電話で売り込むのだ。「時間がすべてを破壊する」を思い出してほしい。このことばをまた胸に刻みながら、フォローアップ電話の時間を確保しよう。なるべく早くかけたほうがいい。

断られても、ひとつでもイエスと言ってもらえたら、それはイエスなのだ。「ええ、またあとでかけ直してもらってもかまいません」と言ってもらえたら、成約とそう大きく変わらない。あとひと押しだ。明日かけ直してと言われたら？　それでもかなりいい線だ。

こちらから「あとでまたかけ直してもよろしいですか？」と尋ねてノーと言われ、「それでは明日はいかがでしょうか？」と食い下がってもまたノーと言われたら、明らかに引き際だ。「弊社の業務内容など追加情報をお送りして、また（1週間後、半年後、1年後に）お電話させていただいてもよろしいでしょうか？」

ここまでやりとりしてきた相手を怒らせるような真似はしたくない。印象深いちゃんとしたやりとりをせっかくしたのだ。深掘りもしたし、いい関係もできた。相手のこともメモしてある。電話をかけ直すのが、その日のうちでも、翌日でも、たとえ半年後でも、相手のことはすべて覚えている必要がある。だから相手に関するデータはすぐＣＲＭに入れよう。見込客育成メールを開封してもらったり、サイトを訪問してもらったりしたときに、またフォローアップすればいい。このあたりは第2部で説明したとおり。次にかける電話の最初の1分は、前回よりも10倍はパーソナライズできるはず。すでによく知っている相手なのだから。

ちょっとアドバイス。最終的に断られたら、なるべく早く次へ進んだほうがいい。次に「イエス」と言ってもらうためにも、前向きな姿勢でいることがとても重要だからだ。僕は、さっと片づけてしまうために、あらかじめ用意してあるメールテンプレートを使っている。「先ほどはお時間いただきありがとうございました。今回ご契約いただけませんでしたが……」なんて同じことを何度も書きたくないからだ。Yesware やグーグルドキュメントに文面を用意しておけば、さっと送信するだけで済む。

前向きな姿勢と黒ラブラドールの粘り強さが欠かせないことを忘れないように。ノーと言われるのはいい気分じゃない。でも、すぐに立ち直れないようでは、優れたプロの営業とは言えない。幸い、この本で説明した営業スクリプトとやりとりのフレームワークを活用すれば、ノーよりイエスと言われるほうが多いはずなのだ。

第17章

うんと言ってもらえたら、次はこう言う

おめでとう！　コンバージョンコードを見事に読み解いた。あとは、最後まできちんと詰めて、支払い前に「やっぱりやめた」などと言われないようにしよう。俗に言う「ヒットエンドラン」営業は、契約がとれたとたんに、「了解です。ありがとうございました。では」「すばらしい。またご連絡します。では失礼します」と言ってさっさと切り上げてしまうこと。

これは新米が興奮状態のときにやってしまいがちだけど、ごく簡単なスクリプトがあれば簡単に避けられる。相手が支払い方法の詳細を言い終えたら即、「わかりました。では次をご説明します」と言えばいい。第13章の、契約のまとめに入る瞬間を見きわめたときに言うセリフと同じだ。ただし、前回説明したのは購入への次なるステップだったけど、今回は、顧客となることへの次なるステップだ。「いまから、ご契約内容をすべて確認させていただきます。さらに、お役に立てそうなほかの情報もご説明いたします。これは、ご新規のお客様にお伝えしているものです。次に、こうこうこうなります。最後に、こうこうこうです。ご理解いただけましたでしょうか？　ありがとうございます！」

まじめな話、うんと言ってもらえたときに言うべき具体的な内容を考えておいたほうがいい。これからはうんと言ってもらえることが断然増えるのだから！

歩合制の営業にはたいてい「払い戻し」という制度がある。契約後にキャンセルされたら、その分の歩合が次の報酬から引かれてしまうのだ。せっかく稼いだ歩合給を返さなくちゃいけないなんて、最悪だ。契約してもらったら即、次のプロセスをあらかじめ説明しておくことで、ある程度は、解約率を下げたり、あまりキャンセルされないようにしたりできる。面会してもらえることが「成約」なら、面会の方法を最後にもう一度確認しておくことで、ノーショー（無断キャンセル）を減らせるはずだ。

僕はこの契約後作戦をさらに一歩進めている。メールテンプレート（Gメール用Yesware を利用）を用意してあるから、電話を切ったらすぐに送信するようにしている。いわゆる「お礼メール」だ。いま契約してもらったものに関する詳細な追加情報やネットの記事などを添えて、時間を割いてもらったこと、契約してもらったことへの感謝の気持ちを伝えている。

ある記事で読んだんだけど、ルイス・ハウズは、1000ドルのオンライントレーニング関連商品を販売していて、購入者に10ドル相当のお菓子を送っているらしい。そのおかげでキャンセルが減ったという。

僕はお菓子は送らないけど、有意義なやりとりができた相手や契約してくれた相手には、Bond.coで「手書き仕立て」のカードを送っている。2、3日後には相手に届き、時間を割いてもらったことへの感謝の気持ちとともに、一緒に仕事することを楽しみにしていると伝える。変更するのは受取人の名前と住所だけだから、あっという間だ。僕の携帯電話番号とメールアドレスも「手書き仕立て署名」の下に入れるようにしている。

売り込みを始めるときと同じくらい工夫して、印象に残る締めくくりにしよう。それに、相手とはたったいま電話ですばらしいやりとりをしたばかりだし、その人たちのおかげで報酬を手にできるのだ。それとなく深掘りし、相手の感情的な購入動機を利用したから、うんと言ってもらえたのだ。楽しいデート（電話）だったと言ってからドアを閉める（電話を切る）のが、せめてもの礼儀というもの。

さあこれで、見込客を獲得して成約してもらうところまでわかった。次は、この成約済み見込客を、また購入してもらえるフリー見込客に転じる方法を説明しよう。

第 18 章

成約客に
紹介をお願いする

ネット見込客を獲得して成約させるのは大仕事だから、この一連の取り組みで、よりコンバージョンしやすい見込客も増やすようにしておきたい。既存顧客や昔の顧客から紹介してもらうのだ。

ここまで読んできた読者ならお気づきのように、僕はこの点も運任せにはしない。人を紹介してもらえるよう、タイミングを見計らって、既存（あるいは昔）の顧客にお願いする簡単な仕組みを開発してある。

ネット・プロモーター・スコア（NPS）という顧客ロイヤルティ指標がある。次のような簡単な問いかけをしてスコアを測定するものだ。

「0〜10点で表すとして、当社を友人や同僚に薦めようと思う度合いはどのくらいですか?」

9や10と答えた人があなたのブランドの「プロモーター」（推奨者）となる。7と8が「中立者」、6以下は「批判者」だ。もうひとつ答える機会が用意されている。

「それはなぜですか?」

このNPSアンケートを、年に2〜4回ほど、現在と過去、すべての顧客を対象におこなうことにしている。回答が来たらすぐ、9や10と回答した人だけを「満足度最高」顧客リストに入れ、最初に成約した営業に渡す。

その営業が相手の様子を確かめる電話を入れる。様子がわかったら、手書き風カードを

(Bond.coを利用して)送り、ご満足やご利用いただいていることへの感謝の気持ちを伝える。タイミングを見計らって電話をかけ、最後に(送ったカードの追伸でもいい)こう尋ねる。「弊社がお役に立てそうなお知り合いはどなたかいらっしゃいませんか?」。これでバッチリ。

ひとりふたり紹介しよう、と言ってもらえたら(たいてい言ってもらえる。満足してもらっていることは電話する前からわかっているから)、その人のメールアドレスと電話番号も教えてもらおう。情報を入手したら即、アポインターに引き継いでアポをとらせる(アポインターと営業を兼ねている人は自分で電話をしてアポをとる)。

営業がよく犯すミスは、紹介された見込客をネット見込客と同じように扱っていないことだ。電話をかけるときは毎回、ステップ1から始めて、全ステップもれなく踏まなければならない。友人からの紹介だから大丈夫だろうと、信用を得るステップをすっ飛ばしてはいけない。見込客が紹介かネットかで違ってくるのは、紹介してもらったことをパーソナライズして話を切り出す点だけだ。「ジョンさん、はじめまして。先日スージー・スミスさんとお話ししまして、その際、弊社の業務内容にご関心がおありかもしれない、と伺いました。スージーさんのビジネスには弊社もかなりご協力させていただいております。ジョンさんのビジネスにもお役に立てるかどうか、まずはお話を伺えればありがたいのですが!」

あとは、ネット見込客のときとまったく同じ。主導権を握る、深掘りする、「特徴・ベネフィット・タイダウン」を説明する、などすべておこなう。紹介された見込客だからといって、手抜きや近道は一切禁物。どこでどのようにしてこちらを知ってもらったかは関係ない。いまはどの見込客もネット見込客だから、電話で話す前、あるいは話したあとに、こちらのことは必ずネットでチェックされるのだ。だから必ず、第1ステップから始めること!

ネット見込客に購入してもらったあとも、メールやフェイスブックでコンタクトをとり続けるだけで、その人たちからたくさん紹介してもらえるかもしれない。この本で説明したメールマーケティング、フェイスブック広告、リターゲティングをおこなっていれば、ユニークかつ関連のある方法で、長期間すぐに思い出してもらえるチャンスがいくらでもあるはずだ。

セールスする気はさらさらない記事をブログに書き、そのリンクをメールで送ったりフェイスブック広告に入れたりしたら、数件の契約につながった、なんてことがあると、ビジネスオーナーとして最高にうれしい。僕の受信箱にはこんなメッセージが実にたくさん入っている。

「クリス、すばらしいアドバイスをどうもありがとう! 友人にも紹介させてください。友人にはあなたの仕事ぶりに注目するよう伝えておきました」

上達したら、さらに上を目指すのだ。

この本で学んでもらえたように、ネット見込客の獲得、質のいいアポとり、成約数アップ、いずれも、技と熟練、迅速さと粘り強さ、思いやりと冷徹さが必要とされる。

ただし、コンバージョンコードを読み解くのに必要ないものがひとつだけある。運だ。

ダン・ギルバート（「はじめに」で触れた、クイックン・ローンズ社創業者で、クリーブランド・キャバリアーズのオーナー）が言った、忘れられないことばがある。

それでこの本を締めくくろう。僕は講演でもたいていこのことばで締めくくっている。それを心に留めて、これからあなた自身のキャンペーンでコンバージョンコードを読み解いていってほしい。

「新しいことを学ぶ価値はある。でも、実行しなければ意味がない」

あなたが実行しなければ、この本に書いてあることも一切効果がない。

この本を読んで実行したことで、ビジネスが好転し、ネット見込客の獲得も成約も増え始めている、という方は、Chris@Curaytor.comまで、ぜひ具体的に知らせてほしい！

付録

本当に重要なアナリティクスとメトリクス

アナリティクスやメトリクスは、デジタルマーケティングの利点であり、難点でもある。

クイックン・ローンズ社で働いていたときに耳にして以来、頭から離れなくなり、講演のときも聴衆に共感してもらっていることばがある。「新しいことを学ぶ価値はある。でも、実行しなければ意味がない」。この本の締めくくりにも使ったのは、読者のあなたにも共感してもらって、お別れにしたかったから。

ことコンバージョンコードとなれば、実行してこそ意味がある。悪魔が宿るのは細部ではない。実行しないところに宿るのだ。

デジタルマーケティングのどんなメトリクスよりも、はるかに重要な要素がふたつある。自分の直感（Gut）と成長（Growth）だ。僕は、このわかりやすい「G2」に基づいて決断することのほうが断然多い。ページビュー、クリック単価、見込客獲得単価、顧客獲得単価、クリックスルー率、リーチ、コンバージョン率、メール開封率などは二の次だ。

G2はわかりやすい。いまネットでおこなっていることは成果が出ていると思うか（Gut＝直感）。利益が増えているか（Growth＝成長）。どちらもイエスなら、ガンガン行けばいい。

ネットでのリードジェネレーションもコンバージョンも、いくつかの可動パーツからなる。ウェブサイト、ランディングページ、SEO、ソーシャルメディア、メールマーケティング、マーケティングオートメーションキャンペーン、CRM、SMS、ほかにもいろいろある。

こうした可動パーツそれぞれに独自のアナリティクスやメトリクスがあり、確認できるようになっている。機械学習を導入したり、「データアナリスト」「データサイエンティスト」を採用する企業も実際増えてきている。いずれも、データを精査し、そこからわかったことに基づいて助言するわけだ。ただし、実際には順調じゃなくても、ある意味順調であるかのように思わせるストーリーづくりができてしまうのが、デジタルマーケティングの不幸な現実なのだ。

ソーシャルメディアのグルたちにだまされてはいけない。フェイスブックやインターネットによる最大の機会は「コミュニティづくり」や「ファンとのふれ合い」なんかじゃない。ビジネスを確立して利益を上げることにある。その機会をものにするには、この本の内容を実行しなければならない。

全米上位10社に入るある住宅ローン会社の依頼で、同社のフェイスブック広告の費用対効果を調べたことがある。その会社が高額で契約していたソーシャルメディア代理店から毎月送られてくるレポートの最新版を見せてもらった。見てすぐに、このレポートを作成した人がいかにこの仕事を手放すまい、としているかが感じられた。巧妙なごまかしだらけだったのだ！

まず、営業マンとしての僕に必要なのは、電話をかけるための見込客であり、それもできるだけ多いほうがいい。だから、見込客の数とその獲得単価がものすごく重要なのだ。

ところがこのレポートにあるのは、リーチ、エンゲージメント、新たな「いいね！」の数、人気記事といったことばかりなので、むっとした。こんなもので大きな顔をしているなんて、笑わせてくれる。見込客の数と獲得単価に言及している箇所をやっと見つけたと思ったら、見込客の数もコンバージョン率もひどい。獲得単価にいたっては、通常の少なくとも10倍はかかっていた。

これを他山の石とし、僕自身のマーケティングキャンペーンを最適化して、本当に重要なメトリクスを調べることを思うとわくわくする。この代理店がコンバージョンコードを活用していたら、まったく同じ広告予算で、月150人しかいなかった見込客を月1500人に増やせていたのに、やっていることは受け身だった。コンバージョンコードには、はっきりとした目的があるのだ。

貴重な時間をデータに浪費してしまうよりも、人に集中させたほうがずっといい。そこで、本当に重要なアナリティクスとメトリクス、そして、そこからわかったことに基づいて変えるべきこと（あるいは変えてはいけないこと）をまとめてみた。たいてい、名前だけは聞いたことがあるはずだ。グーグルアナリティクスの「サイト滞在時間」「訪問別ページ数」や、フェイスブックインサイトの「リーチ」「フリークエンシー」などはそのことばどおりだ。

この付録の章は、僕が取り上げたものだけじゃなく、取り上げなかったものにも意味がある。すごく重要なものが抜けている、と批判する人もいるかもしれない。でも僕にとっては、以下に挙げたものさえ確認して改善すれば十分なのだ。
第1章同様、ここでもウェブサイトとランディングページから始めよう。

ウェブサイトで重要なメトリクス

ユニークビジターの総数および獲得単価　毎月の広告費は簡単に割り出せるはず。また、サイトのユニークビジターが毎月何人いるかも把握しておきたい。これで、ユニークビジター獲得単価がすぐに割り出せる。広告費をユニークビジター数で割ったのが獲得単価だ。メール、ブログ、ソーシャルメディア、ＳＥＯなどからの「フリー」トラフィックが多い場合は、当然ながら、単価はぐんと下がる。

見込客総数　サイトが今月創出した見込客の数は？　サイトには必ずそれ専用のメールアドレスと電話番号を掲載し、サイトのコンタクトフォームには記入せず別の方法でリーチしてきた人も追跡できるようにしておこう。僕はブログ購読登録者もサイト見込客としてカウントしている。すぐに取引につながることは少なくても、第2部で説明したことを実行することで、やがて取引につながるはずだ。

コンバージョン率　サイトでコンバージョンしている基準線が重要だ。そこがわかっていればより安心して、有料のトラフィックを送り込んだり、SEOにもっと時間をかけたりできる。たとえば、いくつか仕掛けた行動喚起で、サイトのコンバージョン率が3％だとすると、サイトに月に1万人送り込めば、見込客が少なくとも300人獲得できるとわかる。

有料のトラフィックには、ウェブサイトよりランディングページのほうが重要、と説明したのはこのためだ。ランディングページのコンバージョン率がウェブサイトのそれより10倍も高くなりうるのは、ランディングページが1ページ1目的だから。とはいえ、サイトでコンバートした見込客は、ランディングページより数は少なくても、質が高い場合が多い。ランディングページのメトリクスはあとで説明する。

新規訪問者と再訪問者　よく考えられたサイト、検索エンジンにもソーシャルメディアにも最適化したコンテンツ、「よくある質問」が充実しているブログ、完璧なメールフォローアップシステム、これらがきちんとしていれば、新たなトラフィックがサイトにどんどん入ってくる。ただし、再訪問者への目配りも忘れてはいけない。サイトを何度か、ときには何十回と訪れて、ようやく見込客になる場合もあるからだ。僕は、毎月のサイト訪問者の少なくとも25％は新規ではなく、再訪問者となるようにしている。新規訪問獲得コストに比べれば、再訪問者獲得コストはわずかだからだ。

訪問別ページビュー　ひとりあたりのページビューが少なすぎると、見込客獲得はかなり難しい。フェイスブックでリンクをシェアした記事を見にきてくれた人が次にとる自然な行動は、立ち去る、関連記事を読む、ホームページを見にきてくれる、のいずれかだ。クリックでホームページに来てもらえれば、登録する方法もいろいろあるし、業務内容を詳しく知ってもらえるかもしれない。第1章でサイトのデザインの説明ばかりしたのは、このためなのだ！　コンテンツでおびき寄せ、ブランド（デザイン）でハートをつかむのだ。

平均滞在時間　訪問別ページビューと同様、サイト平均滞在時間が短かすぎても、やはり見込客獲得はかなり難しい。サイト上の「仕掛け」の多くは、ある特定のページを見る、ある特定の経路をたどる、一定時間滞在する、といったことにかかっている。そうして初めて仕掛けが作動するのだ。平均滞在時間が31秒では、連絡をとって取引してもいい、と思える程度に信用してもらうのは難しい。

ただし例外はある。ランディングページへ送り込むことだけがそのサイトの目的であれば、滞在時間は短いほどいいだろう。とはいえ、ほとんどのサイトは、ライブチャット、ポップアップ、見込客マグネット、連絡先フォームなどが作動するには数分は滞在してもらわないと困るわけだ。僕は、平均滞在時間が一番長いコンテンツを選り分けるようにしている。コンテンツ次第で、10分滞在してもらえることもあれば、10秒で立ち去られてしまうこともあるんだから、まったくすごい。滞在時間が一番長いコンテンツが特定できれば、有料のトラフィックでも、より効果的に宣伝して、同じ費用でもより多く集められる。

最大パフォーマンスページ　僕は、どのようなページやブログ記事のパフォーマンスが高いかを常に調べている。新たなコンテンツづくりに一番参考になるからだ。トラフィックが最大のページや記事は、ソーシャルメディア最適化と検索エンジン最適化を念入りにし、見込客マグネットを入れるのも忘れない。いますぐできて何度でも元がとれる方法は、グーグルアナリティクスで上位10件のコンテンツやページを確認し、この本で学んだことをもとにそれぞれを「最適化し直す」こと。1件あたり数分あればできる。HTP（トラフィックが一番多いページ）が特定し、引き続き改善し、同様のページをさらにつくり続けるのだ。

トラフィックの流入元　ダイレクト（URLを直接入力）、ソーシャル（ソーシャルメディアからの流入）、オーガニック検索（SEO）、参照サイト（メールマガジンや他サイトのリンクからの流入）、有料検索（SEM）などはいずれも、確認とモニターがグーグルアナリティクスで簡単にできる。わかりやすいものばかりだ。ここでの目標は、流入元を多様化させること。ひとつの流入元にすべてを賭けるわけにはいかない。最初はフェイスブックからのトラフィックばかりでも、認知度が高まってくるにつれてダイレクトのトラフィックも増えてくるはずだし、リンク入りフォローアップメールなら参照サイトからのトラフィックも増えるはずだ。

ひとつアドバイス。プロのマーケターでも見落としがちなのが、一斉メールやソーシャルメディアキャンペーンを、グーグルアナリティクスで特定参照サイトとしてトラッキングすることだ。グーグルのURLビルダーを使えば簡単にできる。メールマーケティングやフェイスブック広告だけじゃなく、リンク入りならどんなオンラインキャンペーンでも独自の名前をつけてトラッキングできる。

これで、キャンペーンのパフォーマンスが簡単にわかる。あるコンテンツがほかのコンテンツよりもじっくり読んでもらえている、といったことがわかるのだ。キャンペーンごとの訪問者やページビューの総数だけでなく、訪問別平均滞在時間がサイトの全トラフィックと比べてどうだったかもわかる。

僕の場合、サイトへのリンクを入れたメールマガジンキャンペーンが、サイト滞在時間と訪問別ページビューで、非常に高いパフォーマンスを上げている。

離脱ページ　第1～3章で説明したようにサイトとコンテンツを最適化することで、見込客マグネットやランディングページだけでなく、他のサイトへ飛ぶリンクもいろいろと増えてくる。離脱ページをよくないものと考える人もいるかもしれないが、コンバージョンコードの観点で言えば、いいことなのだ。ランディングページはサイトより常にコンバージョン向きだから、最後に閲覧されたページを知ることは、ある意味、もうけもの。適切なリンクや行動喚起を入れてとことん最適化したほうがいいことを、よく表しているのだから。

有料検索結果　自社のブランドあるいは社名が検索された場合に備えて、せめてグーグルでのSEM（検索エンジンマーケティング）かPPC（ペイパークリック広告）くらいはすべての企業がしておくべき。ずばり検索されたときに表示される有料広告なら、たくさんクリックしてもらえる。グーグル広告は、オーガニック検索結果頼みと比べると、表示内容や行動喚起がはるかに管理しやすい。有料検索もキーワード広告も費用がかなりかかる場合があるから、その効果をアナリティクスでよく調べることが不可欠だ。

ランディングページで重要なメトリクス

訪問者数　フェイスブック広告に費用をかけたり、ランディングページに流入させるために、サイトやコンテンツに見込客マグネットを入れて最適化するのに時間をかけたりするからには、確実に成果を出したい。ランディングページはつくっただけじゃダメ。この本で学んださまざまな手段で、目的を持って、トラフィックを毎月確実に送り込まなければならない。メインのウエブサイトへの訪問者数しか調べていない企業が多いが、それと並行して、ランディングページの訪問者数も調べる必要がある。

見込客数と獲得単価　統合CRM、あるいは簡単な表計算ソフトでもかまわないから、ランディングページからの見込客数を毎月調べる。そこへ送り込むのにかかった費用で割れば、見込客獲得単価がわかる。

コンバージョン率　訪問者数と見込客数がわかれば、コンバージョン率もわかる。ランディングページのコンバージョン率は、さまざまな要因によって、まさに0〜100％のいずれにもなりうる。コンバージョン率がとにかく高ければいい、というのも考えもの。僕の場合はたいてい、コンバージョン率70％のランディングページより、6％のランディングページのほうが、収益も成長も実際に購入してくれる顧客も、多くもたらしてくれている。なぜか。ランディングページで得られる情報量がコンバージョン率に影響してくるのは確かだ。とはいえ、やはりバランスが必要。情報をたくさん集めたほうが、電話をかけるときに営業に役立つのだから。

ここが、G2（直感と成長）で判断するところ。ランディングページがきちんと機能していれば、そこから見込客が入り、そのおかげでビジネスが成長しているのを、営業もマーケターも認めているわけだ。順調にいっている、と直感でわかれば、データを「基準線」とどう比較・対照しようと、分析しすぎることはない。

トラフィック流入元　見込客マグネットやランディングページへの一番の流入元は自社サイト、ということもある。先ほど説明したウェブサイトのメトリクスがいまいちでも、サイトからランディングページへの流入が大量にあり、そこで見込客を獲得して売上につながっているのであれば、バッチリだ。だから、どのメトリクスよりもＧ２（直感と成長）が重要なのだ。ビジネスが伸びていて、物事がうまくいっているなら、単価や見込客数をわずかばかり改善するためにランディングページを変えるなんて、恐ろしく単細胞。メトリクスが一見「まずい」状態であったとしてもだ。サイトとその流入元だけでなく、ランディングページの流入元にも注意しておくこと。サイト全体の1割に相当するコンテンツがページビューの9割を獲得している場合もあるように、さまざまなランディングページの1割が見込客の9割を獲得しているかもしれない。主な流入元を突き止めたら、効果がなくなるまで使い倒し、小賢《こざか》しい真似はしないこと。より多くの人に効果があるものに焦点を当てればいいのだ。

ランディングページや見込客マグネットへのトラフィックも、サイトへのトラフィックと同じくらいほしい。もちろん、従来型のサイトやブログであれば、ページビュー、訪問者、滞在時間のいずれもはるかに多くなるのは間違いない。ただし、ランディングページと比べると、コンバージョン率は大したことない。たとえば、Curaytor.comに月10万ページビューあったとすると、ランディングページにも少なくとも2万５０００ページビューはほしい。

フェイスブックで重要なメトリクス

リンククリック　最大の関心の的は、リンクによってサイトやランディングページへトラフィックを送り込むこと。だから、表示する広告ごとのクリック数に常に注目している。リーチがよくてもクリック数がいまいちな広告があれば、すぐ取り下げる。

クリックスルー率　全米の2015年第1四半期の平均クリックスルー率は0・84%〔1〕。この本で説明したとおりにすれば、2～5%近くは獲得できるはず。僕はフェイスブック広告で10%超のクリックスルー率を獲得したこともある。経験上、1・5～3%を目標にするのがよさそうだ。1%を切るのは問題、2・5%を超えれば有望だ。

リーチ（到達率、見た人の数）　クリックを大量に獲得するには、広告の到達率も考慮する必要がある。クリックや見込客が何百とほしいのに、広告のターゲットが2000人ではまずい。こんなふうに考えるといい。マンモス大学に相当する規模をターゲットにした広告なら反応もたくさんある。大きくても高校に相当する規模ならそうはいかない。数が少なくても「どんぴしゃ」のターゲットに到達させたほうがいい場合もある。クリックや見込客が大量に得られなければ、質重視でいくほうがいいのを忘れないように。

インプレッション（広告表示回数）　僕のようにフェイスブック広告を大量に配信しているな

ら、インプレッションがすごく重要だ。普段はそれほど気にしていないけど、僕にとってものすごく価値があることは否めない。いたるところでネット見込客の目に触れているから、「あなたたちの広告がどこにでもついてくる」と言われることがしょっちゅうある。到達させたい人数と、そのひとりひとりに到達させたい回数のかけ合わせが、目標トータルインプレッションになる。10万人に10回見てもらうほうが、100万人に1回しか見てもらえないよりもいい。

関連度スコア　フェイスブックは表示される広告を1~10のスコアで評価している。この仕組みの全容は明らかにされていないけど、その基本的目的は、まともな広告とでたらめな広告を見分けることだから、安心していればいい。グーグルも似たような方法でPPC(ペイ・パー・クリック広告)のパフォーマンスをスコア化している。スコアが高いほどよい広告とみなされて、次に出す広告がよりいい場所に掲載してもらえる。また、高スコアはエンゲージメントが高いということだから、フェイスブックなら無料のオーガニックリーチが増える。

フリークエンシー　どの広告も大勢の人に何度も目にしてもらいたいけれど、表示が頻繁すぎるのもよくない。ある人が僕の広告を30回以上目にして、それでもまだエンゲージしていなければ、その広告の表示をやめて、効果がありそうなほかの切り口を考えるようにしている。その一方で、最低でも5、6回は目にされるまでは、その広告を取り下げないようにしている。広告を1度目にしただけで、みんなその場でクリックしてくれる、なんて期待しないこと。

アドエスプレッソ社によると、「(フェイスブック広告の)フリークエンシーが高くなるほど、クリックスルー率が下がり、平均クリック単価が上がる。数字は正直だ。フリークエンシーが9の場合、平均クリック単価は、キャンペーン開始時と比べて161%アップ[2]」。つまり、フリークエンシーが高いと、獲得単価も高くなるわけだ。要するに、フリークエンシーは重要だから、目を離すなということ。

人気投稿　僕はフェイスブックページのインサイトタブを使い、どの投稿記事の人気が高いかを常に調べている。僕にとって、フェイスブックを使う一番の目的はリンクをクリックしてもらうことだから、クリック数の多い記事が一番上に表示されるよう、過去記事をソートしている。そして、人気の理由を考えてから、効果的な広告がもっと表示されるようにしている。

メールマーケティングで重要なメトリクス

メールキャンペーンの場合、僕は特定のわずかなメトリクスしか調べない。コンバージョンコードにとってメールは重要だから、送信したメールのパフォーマンスはしっかり確認すべきだ。メールでもっとも重要なメトリクスは当然ながら、対象となるリストの規模だから、常に増やすようにしよう。

僕がメールマーケティングデータを調べるときに注目しているのは、開封率、クリックスルー率、返信率、配信停止率だ。現時点では、自動返信メールの数はたいていカウントされない。でも、自分宛てに直接返信される場合は、「re 件名」で受信箱に入ってくるから、数えればわかる。開封やクリックは手堅い尺度だから、相手に電話をかけるべきなのは第2部で説明したとおり。でも、返信してもらえるのはやりとりの始まり。やりとりが成約につながるのだ。自分の業界で「よし」とされているのがどのくらいかわからない場合は、「業界別メール開封率とクリックスルー率」を検索することで、基準がつかめるはずだ。

参考までに、僕のメールリストの最近の平均は、開封率30％以上、クリックスルー率3％以上、配信停止率1％未満。でも、必要とあれば、最大で開封率50％、クリックスルー率10％も可能だ。それには、メールの件名と行動喚起を工夫する、あるいは送信相手を絞り込むことで、全員向けより関連度の高い内容にする方法がある。

言っておくけど、配信停止されたからといって、がっかりする必要はまったくない。ある程度の配信停止希望があるのは当たり前。配信停止率が高すぎず、新たなリストを常に追加している限り、問題ない。それに、メールを送信するのは、購入してくれそうな人にであって、文句を言う人にではない。

こうしたメトリクスは、一斉メールだけでなく、ドリップメールでも忘れずに確認しよう。

月々のドリップメールキャンペーンをハードデータに基づいて変更したり改善したりしている企業のなんと少ないことか。メールの文章にほんの少し手を入れるだけで、大きな成果につながることがあるのだ。以前、見込客へのメールに「いまのお住まいがどんな状態か教えてください」と書いたところ、まずまずの返信があった。ところが、文面を「いまのお住まいの状態を1～10で表したらどのあたりになりますか?」に変えたところ、質問の内容は基本的に同じなのに、苦情もなくなったし、返信率もぐんとアップした。

ひとつのメールに行動喚起が複数ある場合、どのリンクのクリックが一番多かったかを調べるのも役に立つ。いずれにしても、最初に出てくるリンクのクリックがたいてい一番多くなるけど、オプションだったリンクごとの個々のクリック数を調べるのも参考になる。なにに共感してもらえたか、あるいはしてもらえなかったかがわかるからだ。メールの下のほうにあるのに、先に出てくるリンクよりクリック数が多ければ、すぐに注目する。

最後に、僕は四半期に1度メールを見直して、開封率とクリックスルー率の多かったメールの件名を確認するようにしている。次の四半期に送るメッセージをどう絞り込めばいいかがはっきり見えてくるからだ。メールの件名はブログの記事タイトルと同様、重要なのだ。

営業で重要なメトリクス

成約数　これに尽きる。

僕が人生最初のセールスコーチから言われたとおり。「わたしの表計算シートには毎月末の成果しか記入できません。言い訳を記入する余地はないのです」。

もちろん、電話をかけた見込客数、電話に出た見込客数、アポがとれた数、面会率、成約率、総通話時間、作業時間など、いずれも見るべきメトリクスと言えるし、成約に直接関係しているのは間違いない。それでも、成約数がすべてなのだ。マーケター、アポインター、クローザー（成約担当者）への報酬の支払いは、利益につながらない無意味なメトリクスではなく、成約数に基づいていることを忘れてはいけない。

「太った奴はさらに太らせる」のもよく使う手だ。稼ぎ頭の営業には、CEOより常に報酬が多くなるようにする（とんでもない額のボーナスやストックオプションは別）。たとえば、キュレーター社のオーナーである僕の年収が15万ドルだとしたら、うちのトップ営業は15万1ドルになるようにする。

ここまでさまざまな行程をへて、コンバージョンコードを確実に読み解くところまでたどり着いたけど、すべてはファネル（漏斗）の最後、つまり売上に尽きる。マーケティングや営業の世界ではまだ比較的新しいインターネットやあらゆるテクノロジーを活用し、もっと収益を上げることに焦点を絞り込むのが、このコンバージョンコードの目的のすべてだからだ。

繰り返すけど、あえて触れていない重要なメトリクスはほかにもある。苦情のメールが来るのはまず間違いないと思っている。特にマーケターは、この章は単純化しすぎている、と文句をつけてくるだろう。かまうもんか。だれがなんと言おうと（どんなに根拠があろうと）、自分のG2（直感と成長）のほうがずっと重要なのだ。

僕自身が経験してきたことをなるべく具体的に説明したつもりだ。マーケティング、営業、リードジェネレーション、見込客コンバージョンの取り組みを、これまで想像もしなかったところまで高める気になってもらえたらうれしい。僕もこれまでに、本当に多くの人に教わってきたし、刺激ももらってきた。今度は僕がほかの人に教えたり刺激を与えたりすることが恩返しだと思っている。

このコンバージョンコードを実行した具体的な成果をぜひ知らせてほしい。

メール　Chris@Curaytor.com

フェイスブック　FB.com/CurratorChris

ツイッター　@Chirs_Smth

「#成約のコード」を忘れずに。

また、この本を役立ててくれそうなマーケターや営業にぜひ手渡してほしい（コンバージョンコードの研修や、営業部門・マーケティング部門のコーチングを僕に依頼してくれそうな大企業の担当者なら、なおありがたい）。

締めくくりの行動喚起がそろそろ出てくる頃だ、とお気づきでしたよね？

benchmark-key-trends-across-facebook-twitter.html 8 July 2015.
2. AdEspresso. “Silent but deadly: The Frequency of your Facebook Ads.”https://adespresso.com/academy/blog/facebook-ads-frequency/ 27 January 2015.

その他の推薦資料

“Anatomy of a Perfect Landing Page.” https://blog.kissmetrics.com/landing-page-design-infographic/
Jiyan Naghshineh Wei. The Impact of Multimedia on News Consumers. http://www.cision.com/us/2010/04/the-impact-of-multimedia-on-news-consumers/

a traffic source for news."http://fortune.com/2015/08/18/facebook-google/ 18 Aug. 2015. Fortune Magazine.
2. Spencer, Jamie. "The Science of Posting on Social Media." http://www.setupablogtoday.com/the-science-of-posting-on-social-media-infographic/ Accessed 30 Sept. 2015.

第5章

1. Mailchimp. "Email Marketing Benchmarks." http://mailchimp.com/resources/research/email-marketing-benchmarks/
2. Retargeter Blog. "7 Best Practices for Running a Retargeting Campaign." https://retargeter.com/blog/strategy-2/7-best-practices-for-running-a-retargeting-campaign

第9章

1. Hubspot. "All the Marketing Statistics You Need." http://www.hubspot.com/marketing-statistics-1

付録

1. Reiss-Davis, Zachary. "Salesforce Ads Benchmark: Key Trends Across Facebook, Twitter, LinkedIn." Salesforce. https://www.salesforce.com/blog/2015/07/salesforce-ads-

7. Lee, Kevan. Buffer "The Ideal Length of Everything Online According to Science."https://blog.bufferapp.com/the-ideal-length-of-everything-online-according-to-science 31 March 2014.
8. Opt-In Monster. "50 Blog Post Ideas That You Can Write About Today."http://optinmonster.com/50-blog-post-ideas-that-you-can-write-about-today/

第3章

1. Ryan Deiss. July 9, 2014. Digital Marketer. http://www.digitalmarketer.com/lead-magnet-ideas-funnel/
2. Software Advice & Adobe. Social Media Content Optimization Survey. http://b2b-marketing-mentor.softwareadvice.com/the-social-media-content-optimization-survey-1013/
3. BrightEdge Whitepaper. Social-Share Analysis: Tracking Social Adoption and Trends. April 2013.
4. Patel, Neil. QuickSprout. "The Ultimate SEO Checklist." https://www.quicksprout.com/2015/01/19/the-ultimate-seo-checklist-25-question-to-ask-yourself-before-your-next-post/ 19 Jan. 2015.

第4章

1. Ingram, Matthew. "Facebook has taken over from Google as

https://www.brightlocal.com/2014/07/01/local-consumer-review-survey-2014/#internet BrightLocal. 1 July 2014.
5. Kovash, Ken. "Changeing the Firefox Download Button." https://blog.mozilla.org/metrics/2008/11/21/changeing/the-firefox-download-button/ Mozilla Blog of Metrics. 21 Nov. 2008.
6. MarketingSherpa. Landing Page Handbook.

第2章

1. Hubspot State of Inbound 2014-2015.
2. Hubspot State of Inbound 2013-2014.
3. Lee, Kevan. Buffer. "The Anatomy of a Perfect Blog Post: The Date on Headlines, Length, Images and More." 28 May 2014. https://blog.bufferapp.com/perfect-blog-post-research-data
4. Turnbull. Alex. "The Power of Storytelling: How We Got 300% More People to Read Our Content." 22 April 2014. https://blog.bufferapp.com/power-of-story
5. PR Web Blog Stat
6. Wei, Jiyan. "Increasing Time-on-Page Through Aesthetics(Lessons Learned from PRWeb and Build Zoom - Two Large Content Sites)" PRWeb & Buildoom Studies. https://moz.com/ugc/increasing-timeonpage-through-aesthetics-lessons-learned-from-prweb-and-buildzoom-two-large-content-sites

原注

はじめに

1. 8 Seconds to Capture Attention: Silverpop's Landing Page Report. Report. 2009. Accessed September 30, 2015. http://www.silverpop.com/downloads/white-papers/Silverpop-LandingPageReportStudy.pdf

第1章

1. Pamela Briggs, Elizabeth Sillence, Lesley Fishwick, Peter Richard Harris, "Trust and mistrust of online health sites"(paper presented at the Conference on Human Factors in Computing Systems, Vienna, Austria, April 24-29, 2004). http://www.researchgate.net/publication/221516871_Trust_and_mistrust_of_online_health_sites
2. Code Academy. "Reimagining CodeAcademy.com: Our 10 Design Principles." Code Academy https://medium.com/about-codecademy/reimagining-codecademy-com-1ebd994e2c08
3. U.S. Department of Health & Human Services. http://www.usability.gov/
4. Anderson, Myles. "Local Consumer Review Survey 2014."

Profile
プロフィール

●著者プロフィール

クリス・スミス（Chris Smith）

キュレーター（Curaytor）社共同創業者。本書のコンバージョンコード（成約のコード）を活用し、ベンチャーキャピタルからの資金調達なしで、同社を3年足らずで年間経常収益500万ドル超に拡大させた。現在も、ソーシャルメディア、デジタルマーケティング、セールスコーチングを通じ、ビジネスの成長加速を支援している。創業前には、2人の億万長者のもとで働いたほか、時価総額約10億ドルの上場企業、1億800万ドルで買収されたスタートアップ企業での勤務経験がある。ライブセミナーや講演で、年間のべ5万人超を集めている。

●監訳者プロフィール

神田昌典（かんだ・まさのり）

経営コンサルタント・作家。株式会社ALMACREATIONS代表取締役。

一般社団法人Read For Action協会代表理事。上智大学外国語学部卒。ニューヨーク大学経済学修士(MA)、ペンシルバニア大学ウォートンスクール経営学修士(MBA)取得。大学3年次に外交官試験合格、4年次より外務省経済部に勤務。その後、米国家電メーカー日本代表を経て経営コンサルタントとして独立。ビジネス分野のみならず、教育界でも精力的な活動を行っている。

主な著書に『ストーリー思考』(ダイヤモンド社)、『成功者の告白』(講談社)、『非常識な成功法則』(フォレスト出版)、『なぜ春はこない?』(來夢氏との共著、実業之日本社)、翻訳書に『伝説のコピーライティング実践バイブル』(ダイヤモンド社)、『おもてなし幻想』(実業之日本社)など多数。

●訳者プロフィール

齋藤慎子（さいとう・のりこ）

同志社大学文学部英文学科卒業。広告業界で主に海外向け販促物の企画制作と他国語編集に従事。その後、オーストラリア、スペインで企業内翻訳などを経て、現在は英語とスペイン語の翻訳に携わる。スペイン在住。『究極のセールスレター』(ダン・ケネディ著、神田昌典監修、東洋経済新報社)、『ザ・コピーライティング』(ジョン・ケープルズ著、神田昌典監訳、依田卓巳共訳、ダイヤモンド社)、『コトラーの「予測不能時代」のマネジメント』(フィリップ・コトラー、ジョン・A・キャスリオーネ共著、東洋経済新報社)、『ザ・マーケティング』(ボブ・ストーン他著、神田昌典監訳、ダイヤモンド社)ほか、訳書多数。

成《せい》約《やく》のコード

デジタルツールと営業《えいぎょう》現《げん》場《ば》を連動《れんどう》する最強《さいきょう》ノウハウ

2018年11月15日　初版第1刷発行
2018年12月15日　初版第3刷発行

著　者　クリス・スミス
監訳者　神田昌典
訳　者　齋藤慎子
発行者　岩野裕一
発行所　株式会社実業之日本社
〒107-0062
東京都港区南青山5-4-30
CoSTUME NATIONAL Aoyama Complex 2F
電話 03-6809-0452(編集部)
03-6809-0495(販売部)
URL http://www.j-n.co.jp/

印刷・製本　大日本印刷株式会社

装幀 アートディレクション　熊澤正人

ブックデザイン DTP組版　清原一隆(KIYO DESIGN)

編集協力　石井晶穂

ISBN978-4-408-33797-5(編集本部)